HACE DIEZ AÑOS, SARAH Prout dio por terminado un matrimonio abusivo llevando consigo un par de maletas, sus dos hijos y una deuda de 30.000 dólares. En la actualidad, está felizmente casada, dirige una empresa valorada en un millón de dólares y ayuda a personas de todo el mundo a hacer realidad la vida con la que sueñan. Afirma que el éxito le viene de las manifestaciones y de la Ley de la Atracción, y cree que los pensamientos positivos o los pensamientos negativos atraen vivencias positivas o negativas. El mensaje de Prout es sencillo: cuando decidimos gestionar nuestras emociones, el Universo se revela y nos ayuda a triunfar, amar y conseguir muchas más cosas. *Querido Universo* es tu guía, el libro al que recurrir cuando no sepas manejar tus emociones o desees que te echen una mano.

Querido Universo contiene 100 minimeditaciones concebidas para ayudarte a perder el miedo. Cada una se centra en una palabra, como *enojado, solo* o *indefenso*. Después te invita, con un segundo conjunto de 100 minimeditaciones, a hacer tuyas otras palabras basadas en el amor, como *abundante, dedicado* o *apasionado*. Cada una incluye una meditación de «Querido Universo» que te muestra que la gratitud y la celebración son esenciales para manifestar la vida con la que sueñas. Este novedoso libro te invita a invocar la energía del Universo y a manifestar tu propia realidad. Es una guía práctica combinada con ejercicios profundos y pepitas de sabiduría.

Querido
UNIVERSO

Querido

UNIVERSO

200 minimeditaciones
para manifestar tus deseos al instante

SARAH PROUT

URANO

ARGENTINA - CHILE - COLOMBIA - ESPAÑA
ESTADOS UNIDOS - MÉXICO - PERÚ - URUGUAY

Título original: *Dear Universe – 200 Mini-Meditations for Instant Manifestations*
Editor original: Houghton Mifflin Harcourt Publishing Company, New York
Traducción: Núria Martí

1.ª edición Enero 2020

ISBN: 978-84-16720-74-3
E-ISBN: 978-84-17780-24-1
Depósito legal: B-24.650-2019

Fotocomposición: Ediciones Urano, S.A.U.

Impreso por: LIBERDÚPLEX

Impreso en España – *Printed in Spain*

Para Sean Patrick Simpson,
el amor de mi vida.

Índice

Parte 1

CÓMO EMPEZÓ MI CONVERSACIÓN CON EL UNIVERSO

«La intuición es una facultad espiritual que no explica las cosas, simplemente *señala el camino*»

—FLORENCE SCOVEL SHINN

LOS PRIMEROS PÁLPITOS

Cuando llegó el momento de irme lo sentí intuitivamente. Fue el 31 de diciembre de 2008. Acababa de cumplir los veintinueve y era una noche más de fin de año, decepcionante y aburrida. Los niños dormían y mi marido y yo estábamos celebrando el nuevo año viendo una película. Max estaba sentado en el sillón del «hombre de la casa» que sus padres le habían regalado al cumplir los cuarenta. Y yo, en el sofá de falso terciopelo rojo, en el otro extremo de la sala de estar. Quedarnos cada uno en rincones separados era la solución más segura.

La película era bastante mala. No me acuerdo del título. Lo único que recuerdo es que mi marido me culpó por la pésima elección y se enfadó porque no se entretenía ni se divertía. No hizo falta gran cosa para provocar su ira. En los diez años que llevábamos de relación no habíamos aprendido a estar juntos ni a hacer sentir al otro querido y completo. En ocasiones, cuando le decía lo que pensaba y pedía lo que necesitaba, se ponía muy violento. La primera vez sucedió estando yo embarazada de cuatro meses de mi hijo. Me empujó contra el toallero del cuarto de baño. Mientras me protegía el vientre del contundente puñetazo que me propinó, el frío metal se me clavó en el espinazo.

Durante toda la veintena me sentí muy sola y aislada, me avergonzaba contar los arranques violentos de mi marido. Seguía con él sobre todo por creer que cambiaría. Max (no es su nombre real, por razones obvias), después de los intercambios violentos y encendidos, me prometía que «iba a mejorar». El poder cambiaba de manos en nuestra relación más deprisa que el tiempo en Melbourne, Australia, el lugar donde vivíamos en aquella época. Se suele decir que en Melbourne se dan las cuatro estaciones en un solo día, una afirmación que describía a la perfección mi matrimonio con Max. Cuando él se arrepentía, era yo la que tenía el poder, y viceversa. Se trataba de un ciclo tóxico de perdonar y olvidar que se parecía mucho a estar atrapados en un laberinto. Ninguno de los dos sabíamos gestionar nuestras emociones ni dirigir nuestra energía.

Aquella Nochevieja no solo desencadenó la ira de Max, sino que fue la tormenta perfecta para que se me ocurriera la idea de cambiar de vida. Cuando él se fue malhumorado a la cama, me puse el mullido albornoz blanco, me metí el iPod en el bolsillo y salí al jardín a contemplar los fuegos artificiales mientras se acercaba la medianoche.

Cuando me senté en las escaleras y comtemplé el árbol de *kumquat* de nuestro jardín trasero, recuerdo la sensación de frío que me embargó. A lo lejos se oía a la gente riendo y descorchando botellas de champán. La música sonaba a todo volumen y, de vez en cuando, se oía el estallido de algún que otro petardo. Me sentía sola, aislada, invisible y no amada...

Me puse los auriculares para escuchar un poco de música clásica. Al aproximarse la medianoche, oí a la gente empezando a llevar la cuenta atrás y rompí a llorar. Las lágrimas que se deslizaban por las mejillas me escocían. Fue en ese instante cuando sentí que una claridad inmensa y serena invadía mi corazón, como si me hubiera tragado un cubito de hielo sin querer. Levanté la vista al cielo y le supliqué al Universo:

Querido Universo

Llévate este dolor, te lo ruego. No quiero vivir otro año más de soledad.
Ayúdame a encontrar el modo de cambiar de vida. A salir de aquí.
Mándame una buena idea.

En ese momento de mi vida carecía de dinero, apenas confiaba en mí misma y no tenía idea de cómo poner fin a un matrimonio de diez años con dos hijos pequeños para empezar de cero. No me imaginaba que ese momento de dolor acabaría siendo un catalizador poderosísimo que aceleraría mi deseo de transformación. La verdad es que cuando la situación nos duele lo suficiente, nos empuja a crear un plan de acción nuevo. Aunque dejar a tu pareja nunca es fácil. Las personas atrapadas en una relación abusiva suelen intentar dejarla siete veces antes de salirse con la suya. Los momentos más inseguros e inestables se producen cada vez que intentan liberarse de la situación.

Yo lo intenté por lo menos nueve veces. Cuando por fin reuní el valor para dejar a Max, lo hice con más de treinta mil dólares de deudas, dos maletas y el corazón lleno de esperanza por un futuro mejor. ¡Aunque no fue fácil! Hubo días en los que no sabía cómo iba a dar de comer a mis hijos, pues la ayuda social que recibía nos mantenía por debajo del umbral de la pobreza. A pesar de todo, mi nueva libertad era sumamente liberadora. Por primera vez en mi edad adulta me sentía en paz.

Si me hubieran dicho en ese momento de mi vida que al cabo de diez años viviría en Las Vegas con mi alma gemela, cuatro niños y tres perros, y que dirigiría un negocio con un beneficio de más de siete cifras enseñando a personas de todo el mundo a manifestar sus deseos, seguramente habría pensado que no estaba en mis cabales.

Esta es la gran maravilla de nuestras vidas, ya que el dolor se convierte en un portal cuando estamos preparados para jugar con la energía del Universo y recordar nuestro poder de manifestar nuestros sueños.

CÓMO EMPEZÓ MI CONVERSACIÓN CON EL UNIVERSO

ELIGE EL AMOR POR ENCIMA DEL MIEDO

Somos seres sensibles. Estamos hechos para sentir emociones. Los momentos de nuestra vida que nos obligan a transformarnos surgen al emprender ciertas acciones dependiendo de cómo nos sentimos. En realidad, lo que nos motiva a hacer algo (sea lo que sea) es sobre todo nuestro instinto, ya que nuestra intuición y nuestra capacidad para discernir nos empujan a extraer una conclusión y a actuar de acuerdo a ella. También tendemos a darles un significado a las cosas a través del prisma único de nuestras vivencias, ya sea al ver la vida de color rosa o como un vaso medio vacío.

En el fondo, tanto si se debe a advertir lo que sentimos como a la intuición, la empatía, la autorrealización o la concienciación, somos los conductos para su realización. Existen centenares de emociones y sentimientos diferentes, y cientos de palabras y etiquetas para definirlos relacionadas con todo tipo de acontecimientos distintos que tienen lugar en nuestra vida. El abanico de las emociones incluye desde la euforia hasta la desolación. Pero, al final, todo se reduce a las decisiones que tomamos a cada momento. Es decir, a afrontarlas con una actitud de separación y desconexión (basada en el miedo), o de unidad y solidaridad (basada en el amor). En pocas palabras, o bien recordamos que tenemos el poder de gestionar nuestras emociones y manifestar al instante una realidad nueva, o nos olvidamos de ello y nos dejamos llevar por el miedo. El miedo nos desconecta de nuestro potencial infinito. Es como cuando Internet deja de funcionar. La conexión se corta y esta situación nos obliga a volver a unirnos a la fiesta una y otra vez. Es una danza incesante.

Lo más importante es recordar que no elegiremos siempre el amor. Es imposible, porque el miedo e incluso la negatividad sirven para ayudarnos a aprender y crecer. Ser capaces de trabajar emocionalmente con los momentos más desagradables de nuestra vida es, sin duda, un superpoder humano aún por explotar. Si recordamos simplemente que podemos gestionar esta energía y confiar en que todo forma parte del plan para crear una bella historia, los momentos más bajos de nuestra vida no nos parecerán tan difíciles o duros.

El viaje espiritual consiste simplemente en recordar y en olvidar.

Este concepto me lo enseñó Dallyce, mi queridísima hermana del alma. Me explicó que a veces no pasa nada por olvidar, siempre y cuando tengamos presente que todo forma una parte perfecta de algo más grande y que es parte del proceso. En algunas ocasiones viviremos largos momentos y temporadas de «recordar», y en otras largos momentos y temporadas de «olvidar». La maravillosa filosofía de Dallyce es que «todo es estupendo», pase lo que pase.

No olvides, sobre todo, que tú eres el universo y que has de vivir la vida como si se estuviera manifestando a través de ti, en lugar de que te estuviera sucediendo a ti.

Los tres elementos más importantes descritos en este libro son:

1. Pierde el *miedo*.

2. Haz tuyo el *amor*.

3. Recuerda tu *poder*.

Podrás hacer todo esto al mantener una conversación profunda con El Universo, pero en primer lugar tienes que aceptar su invitación sagrada. ¿Estás preparado?

RESPONDE A TU INVITACIÓN SAGRADA

Imagínate que te encuentras en el buzón de tu casa un sobre dorado con un estampado exquisito. Es un diseño floral de lo más increíble, con motivos decorativos entrelazados con los que te sientes conectado al instante. Al romper el sello de cera del reverso y abrir el sobre, descubres en su interior una tarjeta dirigida a ti en la que pone:

> Gracias por estar aquí. Tienes en tus manos una invitación sagrada para emprender tu viaje de la manifestación. Tu sabiduría interior te permite recordar la profunda unión que mantenemos desde antes del inicio de los tiempos. Recurre a mí cuando te sientas inspirado a gestionar tu energía. De esta manera, nuestro vínculo se fortalecerá y serás consciente de tu poder para crear tu propia realidad. Haz minimeditaciones profundas para conectar con la energía de la supraconciencia y manifestar así lo que deseas. Este modo de actuar enriquecerá tu vida y activará la esencia mágica de las posibilidades infinitas.
>
> Será un viaje salvaje y excitante.
> Mantén la calma y ten en cuenta que estoy aquí, yo soy TÚ.
> —El Universo

La mayoría de personas solo «conectan» con El Universo o con Dios en los momentos difíciles de su vida, como yo hice en Nochevieja años atrás. Intentan invocar un poder superior para pedirle que ocurra un milagro en su realidad. Los momentos de «Querido Universo», como a mí me gusta llamarlos, suelen darse cuando nos encontramos en una disyuntiva, hemos tocado fondo o estamos cabalgando la ola de la incertidumbre en la que la única opción posible es entregarnos a lo que acaece, estar presentes en ese momento y confiar en que suceda lo mejor. El miedo es el catalizador que nos empuja a buscar ayuda y guía divinas. Es posible que tiendas a mantener esta clase de diálogo con El Universo cuando sientes que todas las opciones se han agotado, o cuando esperas nerviosamente con toda el alma conseguir un determinado resultado, o que se dé una transformación para recuperar la calma.

Por ejemplo:

Querido Universo, necesito que ocurra un milagro en mi vida. Preferiblemente,
ahora mismo. ¡O ayer, si es posible! Si me concedes este deseo,
te prometo que seré a partir de ahora mejor persona.

Hacemos lo que sea por conseguir un trato con un poder que está fuera de nosotros. Pero solo se manifestará un cambio al instante cuando conectemos con nuestro poder interior. Esos momentos están más allá de nuestras creencias religiosas, prácticas, doctrinas y dogmas. Trascienden el color de la piel, el género, la sexualidad y las opiniones políticas, y nos invitan a ver la vida a través de un prisma unificado. Aunque yo llevara practicando la meditación durante muchos años antes de vivir mis momentos transformadores de «Querido Universo», creo que debemos sentir ese gran respeto que nos inspiran. Es el hilo de oro que nos une a todos, independientemente de la iglesia, el templo, la mezquita, el *gurdwara* (templo sij) o la sinagoga a la que decidamos ir. Nos empujan a usar el poder de la supraconciencia y a recordar de dónde venimos; es decir, la esencia divina de las posibilidades infinitas. Tanto si lo llamamos «Dios, lo Divino, Alá, Yavé, el Buda, la Fuente de Energía, la Fuerza o El Universo»*, es la misma energía que todo lo anima. Es omnipotente, omnipresente, infinita, inmaterial y siempre presente. Es la vibración que nos ama incondicionalmente y que impregna todo lo que es y lo que ha sido. Te incluye a TI y al viaje que tu alma lleva realizando hasta este momento para conducirte al lugar donde hoy te encuentras. Por eso es tan importante salir de tu cabeza y vivir desde el corazón, así sentirás curiosidad por este tremendo campo de potencial. Es este mismo poder el que sostiene a las estrellas en el cielo y hace que los océanos sigan estando llenos de agua.

* *Existen muchos nombres y expresiones para definir a esta Conciencia Suprema. A lo largo del libro yo la llamaré «El Universo» para referirme a ella.*

ENCUENTRA LA UNIDAD

Reflexiona sobre ello un momento: todos estamos hechos del mismo polvo de estrellas del que se componen las galaxias. Existen demasiados fenómenos inexplicables en la vida como para no creer que hay algo más grande en juego. Como, por ejemplo, experimentar premoniciones, experiencias cercanas a la muerte, recuerdos de vidas pasadas, apariciones fantasmagóricas, encuentros con ángeles, curaciones milagrosas, reencuentros de almas gemelas, extrañas coincidencias o la razón por la que las crías de osos pandas son tan monas. La verdad sea dicha, todos estos misterios reflejan que el microcosmos es como el macrocosmos. Significa que todo cuanto existe en la vida forma parte de un conjunto mayor. Como El Universo y, especialmente, tú.

A lo largo de la vida ocurren cosas muy místicas y todas, en pocas palabras, apuntan a la plenitud y la Unidad. Es prácticamente imposible, incluso para el escéptico más empedernido, intentar cuantificar los mayores misterios de la vida. Por ejemplo, y este es el mayor de todos, lo increíble que es llegar a nacer como ser humano por las escasas posibilidades que existen. Por lo visto, hay una posibilidad entre cuatrocientos mil millones de ganar la «lotería de nacer como ser humano». Advertirlo simplemente nos convierte a todos en ganadores y en unos poderosos creadores. Debemos valorar y respetar inmensamente la naturaleza maravillosa de nuestra encarnación. Todos formamos parte de algo mucho más grande de lo que creemos o incluso recordamos. Por eso, cuando la vida nos pone delante una situación inesperada, resulta un tanto desconcertante la facilidad con la que perdemos de vista el plan divino.

LIVING ON A PRAYER

Existen muchas máscaras y repeticiones de los momentos y las manifestaciones de «Querido Universo». Son la pura esencia de lo que definen los relatos de nuestra existencia. Cubren un amplio abanico de vivencias debido a las distintas etapas y capas de la conciencia que se van revelando a lo largo del camino. Es la madre que contiene la respiración esperando oír los latidos del corazón de su bebé en la primera ecografía. Es el marido rezando para que su mujer salga del coma después de un terrible accidente de tráfico. Es el activista defendiendo apasionadamente los cambios en el último momento. Es el profesor esperando con ansiedad los resultados de una biopsia. Es una pareja cruzando los dedos para que el banco les conceda el préstamo hipotecario para comprar por fin la casa de sus sueños. Es la madre sin pareja que espera que su hijo se mantenga alejado de los problemas. La vida está llena de sorpresas, y siempre lo estará. Es imposible saber cuándo nuestro espíritu sentirá el deseo de elevarse y crear un milagro o un portal de conexión que le lleve a un momento de «Querido Universo».

Tanto si gritas «¡Qué gozada!» en la cumbre de un apasionado encuentro sexual como si exclamas «¡Huele a rayos!» cuando te toca cambiar un pañal sucio que huele mucho peor de lo que imaginabas, todas estas situaciones reflejan la profunda humanidad que nos une. Es una llamada para el apoyo, la solidaridad y la autenticidad, y también para el gran respeto que debe inspirarnos nuestra conexión con el aspecto divino de nuestro interior.

Sentir toda la expresión de nuestras emociones y conectar con El Universo significa hasta qué punto la meditación nos allana el camino para la transformación.

Y, parafraseando a Bon Jovi:

«¡Oh!, estamos a mitad del camino.

¡Oh!, viviendo en una oración.»

Pero ¿y si no solo recurrimos al poder de la oración en los momentos difíciles, en las situaciones intensas física o emocionalmente o en las urgencias, sino en otras ocasiones? ¿Qué pasaría si conectáramos con El Universo a diario y de forma intencionada para aliarnos con él y crear una vida asombrosa llena de bienestar, alegría, paz, amor y abundancia?

TODO ES ENERGÍA

Uno de los motivos principales por los que la gente suele pedirle ayuda al Universo solo en los momentos de necesidad es, simplemente, por olvidarse de su propio poder para crear su realidad y gestionar su energía. A veces caemos en un estado de «amnesia espiritual» en el que olvidamos que formamos parte de la magnífica infraestructura de la Unidad. Que siempre podemos acceder de forma ilimitada a la sabiduría infinita si elegimos sintonizar con ella, aprovecharla y perfeccionar los superpoderes innatos con los que todos hemos nacido.

La diferencia radica en comprender que estamos aquí para recordar que todo es energía y que todos estamos conectados. No se trata solo de matar el tiempo o de llevar una actividad frenética hasta que nos desprendamos de nuestra envoltura humana. Lo recordé al leer un clásico del siglo diecinueve de Ursula Gestefeld, una escritora del Nuevo Pensamiento, en el que afirma: «La manifestación es el Propósito de la Existencia».

Es, sin duda, una verdad poderosa porque, como seres humanos, dependemos del hecho de que ciertas cosas aparecen en nuestra realidad para que podamos sobrevivir, progresar y sentir que somos normales. Debemos manifestar un techo bajo el que cobijarnos, comida para alimentarnos, agua para beber y personas a las que amar. Estas necesidades vienen de las intenciones, de las acciones inspiradas y de las manifestaciones y, por último, de recordar que El Universo dirige el espectáculo entre bambalinas. Los seres humanos tenemos la asombrosa capacidad de dirigir nuestra energía para atraer cosas, personas, lugares y experiencias a nuestra vida. Si no estamos familiarizados con este concepto nos parecerá un tanto extraño, peculiar o esotérico, pero no es más que lo que se conoce como «Ley de la Atracción», una Ley Universal que establece que las energías similares se atraen mutuamente o, lo que es lo mismo, Dios los cría y ellos se juntan.

Es decir, si ponemos cualquier cosa bajo un microscopio lo bastante potente, veremos que se está moviendo constantemente. Incluso la propia estructura de un átomo —formada de protones, neutrones y electrones— no es más que un montón de energía en movimiento cargada de potencial. Tanto si es una roca como una albóndiga, un cuarzo rosa, un tenedor de plata, una muñeca Repollo

de la década de 1980, el sonido de risas o un arco iris, todo tiene energía, todo es energía. Con las personas ocurre lo mismo, sin excepción. Todos vibramos y oscilamos a una frecuencia muy específica. Los pensamientos y, sobre todo, los sentimientos crean su propia realidad en función de nuestra vibración. Compartiré más observaciones sobre este tema a lo largo del libro. En especial, cómo dirigir tu energía cuando te sientas de una determinada manera. También compartiré más historias personales tanto sobre mi vida como acerca de mi trabajo.

Durante más de diez años he estado ayudando a personas de todo el mundo a manifestar sus deseos al iniciar una conversación sagrada y constante con El Universo. He decidido compartir mi experiencia para serte útil, y espero que mis mensajes te lleguen al corazón.

EL PLAN DIVINO

Este libro es un poco como aquellas historias en las que eliges tu propia aventura. Hojéalo a tus anchas y lee las meditaciones en el orden que prefieras. Confía en que te guiarán hacia la dirección correcta en el momento adecuado.

La idea es que cada minimeditación se basa en cómo te sientes o en cómo desearías sentirte. Después de todo, tú eres el que construye el entramado de tu realidad basado en tus emociones y en cómo gestionas tu energía. No es más que una cuestión de alineación. Cada minimeditación te ayuda, te guía y te encuentra en el punto de la vida en el que estás. Este proceso también te ayudará a agudizar tu discernimiento y a confiar más en tus sentimientos; es decir, a fortalecer tus facultades intuitivas. Su finalidad es ofrecerte una perspectiva distinta para que la pruebes.

Descubrirás que, en cuanto empieces a jugar con la energía del Universo, aparecerán y se manifestarán en tu vida cotidiana unos milagros maravillosos, mágicos y espectaculares.

La segunda y la tercera parte del libro tratan numerosos temas. La segunda parte, «100 minimeditaciones para perder el miedo», te ofrece apoyo en los momentos en que lo necesites para animarte y ayudarte a ser valiente. La tercera parte, «Haz tuyo el amor», te permite celebrar y afianzar el impulso que estás tomando para manifestar tus sueños. Es una llamada para llevarte al amor y a las posibilidades.

Encontrarás una lista con 100 emociones basadas en el miedo, seguida de otra con 100 emociones basadas en el amor. Lee y recibe cada meditación relacionada con una determinada emoción para superarla, o bien para celebrar la esencia de la energía con el fin de que tu experiencia se vuelva más intensa.

Ten en cuenta que tienes que ser valiente para verte a ti mismo con claridad. Tu compromiso con la transformación te dará la fuerza para ver más allá de tu situación actual con una perspectiva más amplia. También te ofrezco varios ejercicios o indicaciones relacionadas con llevar un diario para que te inspiren a lo largo de tu viaje por los distintos sentimientos.

He creado la lista de emociones intuitivamente. Me he inspirado en la psicología, en la mitología y en las ideas del Nuevo Pensamiento, y también en mis estupendos alumnos de la Academia de Manifestación, los cuales me recuerdan constantemente todo el abanico de emociones que pueden surgir en este camino inspirado. Algunas se basan en mis afirmaciones de «Querido Universo» que he compartido millones de veces en las redes sociales, de modo que sé que ayudan a cambiar la vida de la gente. Lo más probable es que te identifiques con ciertas secciones del libro en distintos momentos de tu vida. Las he escrito esperando de todo corazón que las historias y las sugerencias que acompañan cada mini-meditación de «Querido Universo» te vayan de maravilla en el momento en que las necesites a lo largo de tu vida.

Este libro es una invitación sagrada para recurrir a la energía del Universo y recordarte tu poder. Está concebido para ayudarte en los momentos difíciles de «Querido Universo», y también para fomentar momentos de «Querido Universo» en los que crees y manifiestes tu propia realidad. Es decir, es una combinación de guía práctica, ejercicios profundos, percepciones interiores, casos prácticos, perlas de sabiduría y poderosas ideas que enriquecerán tu conexión con el aspecto divino de tu interior. Tu papel es ser consciente de tus emociones y actuar con inspiración de cualquier manera que creas conveniente.

Espero que cuando aprendas a gestionar tu energía y tus emociones pases al siguiente capítulo significativo de tu vida.

La siguiente meditación para alcanzar tus propósitos te ayudará a empezar a ponerte en acción:

Querido Universo

Ayúdame a recordar la fuente más pura y elevada de energía divina
y a conectar con ella. Haz que mantengamos una conversación sagrada,
un diálogo profundo para crear un cambio profundo e intenso en mi interior
y transformar así mi vida.
Mi corazón está abierto a cualquier posibilidad.
Que así sea, así es.

Parte 2

100 MINIMEDITACIONES PARA PERDER EL MIEDO

Cuando sientes compasión por todo lo que estás sintiendo en ese momento y diriges tu energía hacia un estado nuevo de empoderamiento, El Universo se te revela en tu realidad actual y te ofrece un amor y un apoyo incondicionales.

Cuando estás dispuesto a detenerte y a ver la situación con claridad, te liberas mucho más deprisa, y con naturalidad y soltura, de cualquier emoción basada en el miedo que estés sintiendo. Si eres lo bastante valiente como para ser sincero contigo mismo, tu sufrimiento se convertirá en un umbral para la transformación mágica.

Las minimeditaciones de esta parte del libro te enseñan a pedirle al Universo guía, ayuda, perspectiva y sabiduría. Conectar con El Universo es el primer paso para producir cambios en tu vida y manifestar una realidad nueva.

Al no reprimir tus emociones ni ignorarlas, permites que se dé una poderosa realización en tu vida. Si estás dispuesto a ver la situación desde un nuevo punto de vista, procesarás tus emociones de verdad desde el más sagrado espacio de la conciencia. Descubrirás la maravillosa verdad de que, con independencia de lo que estés sintiendo, tiene en el fondo un propósito divino en tu vida.

Recordar el poder del momento presente te permite perder el miedo y hacer tuyo el amor. Es la compasión en acción.

Cada emoción de la lista basada en el miedo incluye una historia, una perla de sabiduría o un retazo inspirador, seguida de una minimeditación de «Querido Universo» para ayudarte a aceptar, superar o hacer las paces con tu situación actual.

También encontrarás al final de cada emoción basada en el miedo una lista con tres minimeditaciones basadas en el amor sugeridas para que te inspiren. Estas sugerencias son para guiarte a un nuevo estado de bienestar emocional.

Recuerda, simplemente...

TODO LO QUE DESEAS se encuentra más allá del miedo.

Tú eres el protagonista de tus experiencias, así que, cuando estés preparado, conecta contigo y hazte la siguiente pregunta:

¿QUÉ ESTOY

sintiendo

EN ESTE

MOMENTO?

1. A la defensiva
2. Abandonado
3. Aburrido
4. Adicto
5. Agitado
6. Agobiado
7. Agresivo
8. Aislado
9. Ambivalente
10. Ansioso
11. Asfixiado
12. Asustado
13. Atascado
14. Aterrado
15. Aterrorizado
16. Atrapado
17. Avergonzado
18. Bloqueado
19. Cansado
20. Cohibido
21. Confundido
22. Controlador
23. Criticón
24. Cruel
25. Culpable
26. Deprimido
27. Derrotado
28. Desagradecido
29. Desbordado
30. Desconectado
31. Desconfiado
32. Desesperanzado
33. Destrozado
34. Distante
35. Distraído
36. Dolorido
37. Dudoso
38. Egoísta
39. Enfermo
40. En peligro
41. Enojado
42. Envidioso
43. Estresado
44. Feo
45. Furioso
46. Herido
47. Humillado
48. Ignorado
49. Impactado
50. Imperfecto
51. Impotente
52. Incomprendido
53. Indefenso
54. Indiferente
55. Indignado
56. Inepto
57. Infeliz
58. Inquieto
59. Insatisfecho
60. Inseguro

61. Insensibilizado

62. Inútil

63. Invisible

64. Irritado

65. Juzgado

66. Malhumorado

67. Maníaco

68. Manipulador

69. Miedoso

70. Molesto

71. Mortificado

72. Negativo

73. No amado

74. Obsesivo

75. Paranoico

76. Perdido

77. Perezoso

78. Perseguido

79. Pesimista

80. Preocupado

81. Provocado

82. Receloso

83. Reprimido

84. Reprobador

85. Resentido

86. Retraído

87. Rígido

88. Roto

89. Saturado

90. Sobreexcitado

91. Solo

92. Suicida

93. Tenso

94. Tímido

95. Traicionado

96. Traumatizado

97. Triste

98. Utilizado

99. Vacío

100. Vulnerable

 A LA DEFENSIVA

ASISTÍ AL CURSO de «Cautiva a la audiencia desde la tarima» para aprender a hablar en público, ¡que en aquella época me aterraba! Durante los cuatro días que duró el curso, el instructor nos enseñó a crear la «charla personal» perfecta para compartir nuestros mensajes con el mundo. En primer lugar, tuvimos que dar las charlas ante nuestros compañeros. El instructor nos pidió que escucháramos sus comentarios sin responder, ni ponernos a la defensiva ni justificarnos con excusas. ¡La experiencia fue de lo más intensa! Después de hablar diez minutos desde la tarima, tuve que escuchar lo que mis compañeros opinaban sinceramente de mi charla.

«Has hablado demasiado deprisa.»

«Solo has establecido contacto visual con las personas del lado izquierdo de la sala.»

«Cuando haces un comentario, arrugas el ceño y tu expresión da un poco de miedo.»

Cada comentario suyo me hacía poner a la defensiva. Pero decidí relajarme y escucharlos, simplemente. Decidí no tomármelos a pecho.

Recuerda

CUANDO DEJAS DE ponerte a la defensiva, ocurre algo mágico.

Si consigues aquietar tu mente y observar la situación, en lugar de ponerte a la defensiva, descubrirás una gran fuerza dentro de ti.

La próxima vez que intentes rechazar la verdad o que no dejes un espacio en tu mente para crecer, pídele al Universo que te ayude a superar la experiencia.

Querido Universo

Ayúdame a dejar en el acto el ponerme a la defensiva. A ver la situación
como un regalo para superar mis preocupaciones egoístas
y confiar en que hay un plan divino en mi vida.
Que así sea, así es.

30: Consciente – 50: Expansivo – 34: Curioso

ABANDONADO

¿UN SER QUERIDO en el que confiabas te ha dejado en la estacada cuando más lo necesitabas en alguna ocasión? Tanto si se trata de tu pareja como de tus hijos, de tus padres, de un compañero de trabajo o de un amigo, el abandono se puede manifestar como un monstruo emocional al que se le transfiguran las facciones si te olvidas de tu poder para gestionar tus emociones.

Tal vez sientes que tu corazón se ha roto en un millón de pedazos. Cuando alguien te deja o se aleja de ti, la sensación de vacío que te queda es atroz. Estas heridas pueden enquistarse en tu psique en la infancia, pero la buena noticia es que puedes cambiar tu forma de reaccionar a lo que te ha suscitado ese vacío.

Recuerda

CONFIERES SIGNIFICADO A los acontecimientos que se despliegan en tu vida.

Es verdad que a veces los tuyos no responden como tú esperabas. Tal vez te sientas decepcionado, dolido o aislado por ello y creas tener todo el derecho del mundo a sentirte así. El miedo a que te abandonen, o la vivencia del abandono, son muy reales para ti en esos momentos. Es la energía magnificada de la pérdida o la intensa sensación de que te han quitado algo, aunque en realidad nunca nadie ni nada te haya pertenecido.

Pero lo cierto es que no te pueden abandonar nunca si recuerdas el amor que está por todas partes y que El Universo siente por ti. La historia de tu alma se está escribiendo a cada momento, y por más real que sea para ti cuando tu corazón se hunde en el estado de victimismo, tienes la fuerza interior para salir del abismo y recordar tu poder.

Nunca estás solo, nunca lo has estado, ni nunca lo estarás.

La experiencia del abandono es una invitación para buscar apoyo y conectar con una comunidad de almas gemelas afines a ti. Siempre habrá personas entrando y saliendo de tu vida, y no pasa nada. La vida cambia, y cuando lo adviertes a medida que vas creciendo espiritualmente, sabes que tu dolor se transformará en una puerta por la que siempre aparecerán las personas adecuadas en el momento oportuno.

Deja que esta sea tu meditación para que tu sensación de abandono se troque en entusiasmo por las personas nuevas y la familia del alma que están a punto de manifestarse en tu realidad.

13: Amado – 17: Apoyado – 22: Bienvenido

③ ABURRIDO

MOLLIE, MI NIÑERA, era una de las mujeres más creativas y artísticas que he conocido. Nacida en 1913, la contrataron para crear ilustraciones de moda para revistas a principios de la década de 1930. Hacia el final de su vida, su casa estaba llena de los bellos retratos que había pintado. Eran unas caras increíblemente detalladas de maoríes de Nueva Zelanda, de las mujeres que la habían inspirado y de los rostros jóvenes y vivaces de su pila de queridos nietos. Cuando cumplí siete años me regaló un retrato de mi muñeca Repollo que conservo con cariño hasta el día de hoy. Todos los ojos que dibujaba o pintaba expresaban sus dotes artísticas para captar la esencia creativa del momento presente.

En aquella época en la que aún no existían la televisión, ni Internet, ni redes sociales, ni teléfonos inteligentes ni Netflix, el concepto de aburrimiento significaba tener demasiado tiempo libre.

Mi niñera me decía que no podía darme el lujo de aburrirme y que mi tiempo libre era una oportunidad para ser creativa. Mi madre también aplicó esta filosofía en mi niñez. Me dejaban soltar palabrotas, pero no me permitieron nunca decir: «Estoy aburrida».

Recuerda

LA BELLEZA DE la inspiración viene de comprender con más profundidad quién eres como ser espiritual.

¿Estás aburrido? Dibuja, escribe, lee, camina, cocina, escucha, desconecta y resetéate. La meditación también te será tremendamente útil...

Querido Universo

Me abandono a la sensación de aburrimiento.
Confío en que me sirve para avivar la energía creativa de mi alma.
Que así sea, así es.

85: Satisfecho – 32: Creativo – 78: Presente

# ADICTO

EN UNA ADICCIÓN el amor se desgarra y la situación nos invita a curarnos. Cuando estamos enganchados a algo que no nos sirve para nada, la coyuntura nos recuerda con suavidad que tenemos la fuerza para superarlo y vencer la adicción cuando estemos preparados.

Vivir en Las Vegas me ha enseñado a ser compasiva con una nueva categoría de personas que luchan con una adicción. Al detenerme ante los semáforos mientras conduzco, veo a madres mendigando para dar de comer a sus bebés. A vagabundos sosteniendo con manos mugrientas un cartel en el que piden dinero mientras les pesan los párpados. Tanto si se trata de drogas como de alcohol, comida, sexo, juegos de azar, videojuegos, cirugía estética o dramas, en esta ciudad demencial en medio del desierto de Mojave se encuentra todo el espectro de la condición humana representado como sufrimiento. Cuando visitas la famosa Franja de Las Vegas, ves por todas partes máquinas tragaperras en los supermercados y vallas publicitarias anunciando a mujeres como objeto de consumo. Esta ciudad es un escaparate para ascender al séptimo cielo y descender a los infiernos.

Lo cierto es que dejar de juzgar a los demás y ver más allá de la máscara de la tristeza y la autodestrucción es de lo más hermoso, estemos donde estemos en el mundo.

Recuerda

TODOS SOMOS ALMAS bellas en un periplo de autodescubrimiento.

Las personas sensibles y empáticas suelen dar un rodeo en su viaje vital para dejar su corazón al descubierto y sentir el sufrimiento del mundo en toda su intensidad.

Estar enganchados a algo, sea a lo que sea, es un camino escabroso que no mejorará hasta que veamos la situación desde una cierta distancia. Aunque los tuyos intenten ayudarte, hasta que no estés listo para dar los pasos necesarios nada cambiará.

Día a día, paso a paso, momento a momento, puedes elegir dirigir tu energía. Es algo por lo que sentirte sumamente agradecido. Y si crees que alguien anda perdido en la vida o si eres tú el que lo estás de momento, recuerda que El Universo tiene un plan. El amor cura. El miedo divide. ¿Y si fracasas estrepitosamente en ello? Vuelve a intentarlo.

Pon en práctica esta meditación para entregar tu adicción al Universo:

1: A salvo – 82: Reconfortado – 17: Apoyado

5 AGITADO

SENTIRTE AGITADO ES justo lo opuesto a sentirte seguro en tu realidad actual. Tal vez no poseas más que un puñado de objetos que caben en una maleta, te dediques al surfeo sofaruno —es decir, a dormir cada noche en el sofá de un amigo o pariente distinto— o quizá sigas viviendo con tus padres, tengas una pareja que no para de viajar o tal vez seas tú el que viaje.

La energía de la inestabilidad es una realidad. Sabes en todo momento que la realidad en la que te apoyas es inestable y, en cierto modo, efímera. Es inconstante y mudable, y el viento puede soplar hacia otra dirección en cualquier momento.

Recuerda

EL UNIVERSO TE está enseñando a sentirte cómodo con la incertidumbre. Cuando te sientes agitado significa que la energía de los cambios se está llevando por delante tu realidad.

Llegará un momento de tu vida en el que te sentirás firme, sereno y estable en cualquier situación, ocurra lo que ocurra. Ten siempre presente en tu corazón que nada (es decir, «ninguna cosa») es permanente. Como sabes que siempre estás seguro y afianzado en el momento presente, le puedes pedir al Universo que te lo recuerde...

Querido Universo

Revélame la sensación de estabilidad en medio de la incertidumbre. Recuérdame que la naturaleza de la vida es pasajera y que sentirme afianzado es un estado presente en mi alma.
Que así sea, así es.

56: Fluyente – 2: Abierto – 1: A salvo

6 AGOBIADO

¿TE SIENTES AHORA con los nervios a flor de piel? Consuélate diciéndote que la vida cambia y que ese mal momento también pasará. Sentirte abrumado en distintas áreas de tu vida es muy común. Tanto si sientes la punzada de no poder pagar tus deudas a tiempo como si te ocupas de un ser querido enfermo, transformar la gravedad de la pesada energía en luz requiere un trabajo interior serio.

Cuando se rompió mi primer matrimonio me fui como quien dice con una mano delante y otra detrás. Arrastraba la apabullante deuda de 30.000 dólares en mi tarjeta de crédito y no tenía idea de cómo iba a devolverlos. ¡Con dos hijos a mi cargo, los talones semanales de la ayuda social nos llegaban apenas para comer y no me permitían saldar mis deudas! Del banco me llamaban al menos cuatro veces al día para preguntarme cuándo saldaría mi deuda. Recé para que dejaran de llamarme, ¡y mis deseos se manifestaron al desconectarme la compañía telefónica la línea por no poder pagar la factura! Sin lavadora ni nevera, con una carraca llena de abolladuras como coche, una vivienda de precaria calidad para guarecernos, y unos colchones manchados de pis para mis hijos comprados en una tienda de artículos de segunda mano, y sin esperar apenas que mi situación económica mejorara en el futuro, sentí la pesada carga del miedo en toda su intensidad. Los ataques de pánico, el estrés y la ansiedad eran mi modo diario de funcionar. Pero un día mi madre compartió conmigo algo que me ayudó a cambiar por completo mi forma de pensar:

«Procura ir progresando día a día.»

Y eso fue exactamente lo que hice. Celebraba cada logro que me permitiera salir adelante un día más. Agradecía la barra de pan y las alubias que mis hijos podían llevarse a la boca.

SENTIRTE AGOBIADO ES una invitación a estar plenamente presente. De un instante a otro puedes superar la situación y empezar a relajarte en la vida. Mi meditación diaria era más o menos la siguiente:

Te doy las gracias por permitirme sentir la vida en toda su plenitud.
Estoy abierta a tu guía y a recibir ideas y acciones inspiradoras
para poder superar esta experiencia.
Que así sea, así es.

68: Libre – 83: Relajado – 28: Confiado

7 AGRESIVO

¿POR QUÉ ESTÁS tan enojado? Sentir hostilidad o enojo hacia los demás no es más que dejarte llevar por la culpa y cargarle el sambenito a otro por tu infelicidad. Ha llegado el momento de asumir que eres el dueño de esta energía y de canalizarla en otra dirección. ¡Recupera tu poder! Tu corazón sigue donde siempre ha estado, no lo has perdido, o sea que no le desearías intencionadamente ningún mal a nadie. ¿No te parece?

Recuerda

LA AGRESIVIDAD QUE arrojas a otra persona solo te hará daño a ti. Es como tomar veneno y esperar que sea el otro quien muera.

Es una oportunidad maravillosa para recordar que la energía que desprendes siempre te llegará de vuelta con una precisión asombrosa. Tanto si te sale humo por las orejas (como en los dibujos animados) cuando otro conductor ha invadido tu carril como si te revienta que tu pareja no baje nunca la tapa del váter cuando lo usa, es importante comprender que estas emociones sin gestionar pueden volverse muy tóxicas en un abrir y cerrar de ojos.

Se suele decir que la fisiología influye en la psicología y en la forma de pensar de uno. Teniéndolo en cuenta, si notas que te hierve la sangre o si quieres meterte con alguien y hacerle sufrir, sal al aire libre y mueve el cuerpo. Ve a correr. Haz varios saltos de tijera. Dúchate con agua fría y vuelve al momento presente. Piensa en cinco cosas por las que sentirte agradecido y recurre a la siguiente meditación a modo de faro para entrar en otro estado mejor:

Querido Universo

Ayúdame a inhalar ahora la energía de la paz, el amor y la presencia.
Y a exhalar los sentimientos de ira, agresividad y nerviosismo.
Cambio mi centro de atención para sentir aprecio y aceptar que soy responsable de la realidad que creo.
Que así sea, así es.

24: Calmado – 25: Compasivo – 63: Indulgente

8 AISLADO

SI TE SIENTES aislado y estás leyendo estas palabras, lo más probable es que te sientas distanciado y separado de los demás en el mundo de tu alrededor.

Tal vez le has dado la espalda a tu familia y a los tuyos, o has cortado con ciertas amistades. A lo mejor fue alguien el que te dio la espalda a ti. Lo cierto es que los seres humanos necesitamos relacionarnos con los demás para mantenernos emocionalmente sanos.

Recuerda

SI TE SIENTES aislado y marginado, es vital buscar apoyo y recurrir a alguien que sepa escucharte como amigo.

Ahora, mientras lees estas palabras, visualiza a alguien a tu lado sosteniéndote la mano y apoyándote.

Entra en un estado receptivo en tu corazón para abrirte a esta meditación:

Querido Universo

En este momento me siento aislado, pero deseo superarlo para recordar
lo importante que es el contacto humano. Te pido tener presente
que la esencia de mi alma brilla cuando estoy dispuesto a compartir mi vida
con los demás. A partir de ahora me propongo recibir con los brazos abiertos
a nuevos amigos y vivencias que me colmen de satisfacción.
Que así sea, así es.

27: Conectado – 91: Sustentado – 82: Reconfortado

9 AMBIVALENTE

EN LA ACTUALIDAD, se estima que como mínimo el 35 por ciento de las relaciones de pareja empiezan en Internet. Significa que nos podemos enamorar de una persona de cualquier parte del mundo. Yo conocí a Sean, mi marido, ¡en Twitter! Él vivía en un extremo del planeta y yo en el otro, y esta situación complicó las cosas. Estuvimos un año tuiteándonos, al poco tiempo nos hicimos amigos en Facebook y luego empezamos a escribirnos correos electrónicos. Fue un flechazo en toda regla, ¡y nos enamoramos incluso antes de conocernos en persona! Sean se gastó todo el dinero que tenía en volar de Los Ángeles a Australia para venir a verme durante once días. En ese tiempo supimos que queríamos estar juntos para siempre, pero nuestras vidas eran un caos. Como madre sin pareja, yo no podía darme el lujo de mantener a otra persona más. Sin embargo, estábamos decididos a encontrar una solución.

Al cabo de once días, decidimos vivir juntos tres meses para ver si éramos compatibles como pareja. Discutimos, reímos, lloramos, soñamos, y al finalizar los tres meses me prometió que volvería. Pero lo que más me inquietó fue que se llevó todas sus cosas. Sean tenía un gran conflicto interior.

Darme un voto de confianza y lanzarse a vivir conmigo significaba verse obligado a abandonar su hogar en Estados Unidos. A dejar atrás todo cuanto había conocido. Por un lado quería estar conmigo, pero por el otro le gustaba la vida que había estado llevando hasta ahora.

TU CORAZÓN TE guiará en tu periplo vital y no habrá en él errores ni giros equivocados. Tu alma está anhelando la aventura. Cuando tienes un conflicto interior, la parte más elevada de tu ser te está invitando en realidad a dejar tu zona de confort.

Si tienes sentimientos ambivalentes y no sabes por dónde tirar, medita sobre lo siguiente:

Querido Universo

Te pido que sepa escuchar mi voz interior para elegir
el mejor camino para mí. Confío en que no habrá en él giros equivocados,
solo experiencias valiosas que le ayudarán a mi corazón
y a mi alma a progresar y crecer.
Que así sea, así es.

69: Lúcido – 83: Relajado – 93: Transformador

ANSIOSO

EN MI NIÑEZ todo me preocupaba. La oscuridad me asustaba, la gente me intimidaba, la comida me daba miedo, los cambios me aterraban… ¡La lista era interminable! Manifestaba la ansiedad que sentía mordiéndome las uñas y obsesionándome mentalmente por lo desconocido. La mayoría de personas se preocupan por situaciones que todavía no han ocurrido. No hacen más que pensar en algo que creen que les sucederá en el futuro, y esta actitud les roba la felicidad.

Recuerda

VOLVER AL MOMENTO presente y tomar una buena bocanada de aire te ayudará a calmarte.

La mejor forma de lidiar con la ansiedad para sentirte afianzado es confiar a cada momento en que El Universo se está ocupando de ti.

Deja que esta meditación te ayude a no angustiarte por el futuro:

Querido Universo

Estoy a salvo. Mi ansiedad es una ilusión y una invitación que guía mi energía a un estado de presencia. En lugar de angustiarme, pongo mi optimismo e ilusión en lo que estoy manifestando en mi vida.
Que así sea, así es.

24: Calmado – 86: Seguro de mí mismo – 60: Guiado

PATTY Y JIM llevan casados más de cuarenta años. Patty elige a diario la ropa que Jim se pondrá, lo que comerá, el momento en que lo hará y cuándo se acostará. En situaciones sociales, Patty incluso responde a las preguntas que la gente le hace directamente a su marido. Jim no tiene el menor espacio para expresarse, Patty siempre le está diciendo lo que debe hacer y cuándo hacerlo. Se siente asfixiado, aunque su querida esposa sea el amor de su vida.

No tener el espacio que necesitas para procesar tus emociones puede hacerte sentir que te falta el aire. Si alguien está dirigiendo tu vida hasta el menor detalle o te está controlando o dominando, esta situación puede causarte una gran preocupación. Tal vez te haga sentir como si el cuello de la camisa no te dejara respirar o como si tuvieras la cabeza cubierta con una bolsa de plástico (en los casos más extremos).

Si te identificas con este problema, significa que El Universo te está advirtiendo con contundencia que fijes unos ciertos límites y elijas otra manera de responder a tu situación actual.

Recuerda

LOS DEMÁS TE tratarán como tú les permites que te traten. Si necesitas espacio vital, pídeselo.

Sé claro en lo que atañe a tus preocupaciones y espera que te den el espacio que reclamas.

Ayúdame a fijar unos límites saludables y a expresarme con claridad
para que mi deseo de espacio vital sea respetado.
Confío en que mi deseo no se topará con ninguna resistencia.
Espero expresarlo con compasión y amor.
Que así sea, así es.

25: Compasivo – 68: Libre – 83: Relajado

ASUSTADO

SI EN ESTE momento estás asustado, tu mayor prioridad es recuperar la calma. Puedes sentir un nudo en la garganta por muchas razones. A lo mejor estás esperando recibir una noticia, un resultado o un diagnóstico. Quizá tu relación de pareja está en la cuerda floja y temes el futuro que te aguarda. Tal vez has tenido una pesadilla y ahora te cuesta volver a conciliar el sueño.

Recuerda

ESTÁS ASUSTADO PORQUE tienes miedo, y cuando cambias de chip al abandonarte al proceso de la vida y confiar en que todo te saldrá a pedir de boca, dejas de imaginarte lo peor.

De niña dormía con los brazos metidos bajo las sábanas porque creía que si los dejaba colgando a los lados de la cama un cocodrilo me los arrancaría de una dentellada. De adolescente me asustaba mantener mi primera relación sexual. Había oído decir que era un tanto dolorosa, y me intimidaba. Temía quedarme embarazada y luego perder a mi bebé. Como ves, la mayor parte de las veces nos preocupamos por cosas que aún no han ocurrido. Y cuando no pierdes el miedo, estás haciéndole saber al Universo que has creado el espacio en tu vida para que te ocurra lo peor.

¿Qué te parece si procuras tener pensamientos que no se basen en el miedo ni en estar asustado? ¿Y si lo que te tiene reservado el futuro, o incluso el presente, no fuera tan espantoso? El Universo quiere que confíes en el proceso de tu historia vital mientras se va desplegando y escribiendo...

Querido Universo

Me desprendo de la sensación de estar asustado y la reemplazo por una fe y una confianza inquebrantables en el proceso de estar viviendo mi vida al máximo. Me propongo vivir cada momento y valoro esta intención mía como el regalo de la conciencia plena.
Que así sea, así es.

95: Valiente – 78: Presente – 28: Confiado

ATASCADO

¿TE SIENTES ATASCADO en este momento? Algunas personas tienen la misma sensación que transmite la película *Atrapado en el tiempo* en la que se magnifica la monotonía de la vida. Tal vez hayas intentado crear cambios o transformaciones y, sin embargo, nada te esté saliendo como te gustaría. La buena noticia acerca de sentirte atascado es que hay dos componentes que alterarán tu realidad y promoverán los cambios y la inspiración que deseas. El secreto está en cambiar tus hábitos mentales y verbales.

Si no dejas de pensar que estás atrapado, El Universo te responderá con más sensaciones de «estarlo». Si no cesas de quejarte de tu vida, El Universo te seguirá dando más de lo mismo.

Recuerda

SI HACES CAMBIOS minúsculos en tu forma de pensar y de hablar, tu realidad cambiará casi al instante.

Cuando te sientas atrapado, considéralo un regalo para hacer una pausa y preguntarte qué es lo que realmente deseas.

Querido Universo

Pido que se manifieste en mi vida actual una energía nueva, divertida y emocionante. Agradezco este momento de reflexión para ganar claridad y tomar impulso para vivir un capítulo nuevo y excitante de mi vida. Todo se está desplegando en el momento divino perfecto.
Que así sea, así es.

55: Firme – 33: Curado – 93: Transformador

ATERRADO

CON EL PASO del tiempo mi madre me contó la historia de mi nacimiento. Se puso de parto la noche de Halloween. Al día siguiente, en los primeros momentos de mi gran llegada al mundo, me entró el pánico. El cordón umbilical se deslizó por mi cabeza y me rodeó el cuello. Mientras mi madre empujaba, el cordón umbilical me estrangulaba. Mi primera experiencia fue probablemente una experiencia cercana a la muerte. Por lo visto, logré salir, aunque amoratada. En la sala de partos se hizo un silencio sepulcral. ¡Todo el mundo (incluida yo) retuvo el aliento! Mi madre había tenido otros dos hijos, pero yo fui el primero que pudo conservar. Mi nacimiento le produjo pánico a todo el mundo por mi propio pánico. Después de que me dieran varias palmaditas en la espalda, ¡eché a llorar!

Mi madre siempre me llamaba «Percy la espantada» porque yo entraba en pánico cuando me estresaba. Por suerte, me desprendí de ese hábito al descubrir, gracias al cultivo de mi propia consciencia, de que esta emoción me «estrangula» la energía.

Recuerda

EL PÁNICO ES una oportunidad para calmarte y fluir con los acontecimientos.

Respirar pausadamente va de maravilla para manejar el pánico. Si una situación o una persona requieren tu inmediata y urgente atención, recuerda que puedes dirigir tu energía para entrar en un estado de quietud. Úsalo como tu punto de anclaje para volver al momento presente...

Estoy afianzado en el momento presente. Ayúdame a inhalar la energía
de la presencia y a exhalar la energía histérica del pánico.
Todo está bien y estoy a salvo, soy amado.
Que así sea, así es.

47: Equilibrado – 80: Protegido – 83: Relajado

ATERRORIZADO

EN MELBOURNE, AUSTRALIA, los tranvías son el principal sistema de transporte público para moverte por la ciudad. Cuando tenía 19 años, un día fui de compras y luego me subí a un tranvía para volver a casa. Los asientos están distribuidos en grupos de cuatro y al sentarte quedas de cara al otro par de asientos. El tranvía iba a tope y, mientras buscaba un asiento libre, oí a un tipo gritar:

«Dile a tu zorra que se siente o me la cargaré de un balazo.»

El tipo llevaba una pistola en el bolsillo y me estaba apuntando a mí. Saltaba a la vista que se encontraba bajo los efectos de alguna droga. Con la cabeza agachada, hice lo que me dijo. Me senté al lado de la persona a la que el tipo se había dirigido. Permanecimos en silencio, apretujados con un montón de otros pasajeros, sin saber cómo acabaría todo. Estaba aterrorizada. ¿Nos iba a convertir en sus rehenes? ¿Me haría daño? El corazón me latía desbocado en el pecho. Prácticamente retuve el aliento durante ocho paradas. De pronto, el pasajero sentado a mi lado me agarró de la mano como si fuera su novia y nos bajamos a toda prisa del tranvía.

Recuerda

CUANDO TE SIENTAS aterrorizado, concéntrate en la respiración y procura calmarte. Presta atención a tu alrededor para evitar correr peligro en cualquier momento.

Querido Universo

Ayúdame a anclar mi atención en el momento presente.
Te pido que el terror que ahora siento sea reemplazado por una sensación de tranquilidad, calma y concentración. Confío en que sucederá lo que tenga que suceder.
Que así sea, así es.

30: Consciente – 95: Valiente – 24: Calmado

ATRAPADO

MUCHAS PERSONAS SON infelices o están insatisfechas con su vida, y la mayoría creen que no pueden hacer nada para mejorarla o para solucionar su situación. Sin embargo, tienes el poder de cambiar tu vida cuando te sientas atrapado.

Quizá te sientes atrapado por circunstancias que te parecen abrumadoras e injustas. La triste realidad es que no todos llegamos a este mundo con las mismas cartas. Pero lo que nos hace libres es nuestra forma de celebrar las diferencias.

En todos los ámbitos de la vida ha habido personas que han dejado de sentirse atrapadas por la sociedad, la historia, la persecución, las circunstancias y las injusticias. Las almas que han superado estas circunstancias, o que las están superando, merecen mi más profunda admiración.

Recuerda

SENTIRTE ATRAPADO SIGNIFICA que dentro de ti estás anhelando ser libre. Ha llegado el momento de decir lo que piensas, motivado por el amor y educado por la compasión, y de idear una estrategia para salir del atolladero.

A veces estar limitados en distintas facetas de nuestra vida nos empuja a intentar ser libres más deprisa, en cuanto nos permitimos serlo. En algunas ocasiones, lo único que necesitamos es advertir que somos más libres de lo que creíamos, ya que hay millones de personas en el mundo luchando a diario para defender los derechos humanos más básicos.

El Universo quiere que te sientas a tus anchas, libre y liberado de los muros de la celda que has levantado en tu mente...

Querido Universo

Soy libre. Gracias a las decisiones empoderadas que tomo a cada momento, tengo presente la esencia expansiva que impregna mi alma. La sensación de estar atrapado es mi llamada para desplegar las alas y alzar el vuelo.
Que así sea, así es.

42: Empoderado – 50: Expansivo – 68: Libre

# 17 AVERGONZADO

ME LEVANTÉ DE la cama, le di un beso a mi amante en la frente y me vestí. Al salir de su casa, llamé a mi marido para decirle que no llegaría a tiempo para cenar porque me estaba poniendo al día con una amiga. Le mentí. Por primera vez en diez años me había acostado con otro hombre. Mi matrimonio me hacía sufrir hasta tal extremo que estaba desesperada por encontrar una vía de escape. Nunca me imaginé que la mentira y la infidelidad me hicieran sentir tan avergonzada. Aunque estaba resentida con Max, mi marido, por haberme maltratado durante años, no estaba bien haberle traicionado de ese modo.

A veces, en la vida hacemos cosas de las que no nos enorgullecemos.

Es humano equivocarse, y esos errores pueden torturarnos durante muchos años. ¡A mí me ocurrió! Pero un día, cuando las cosas se calmaron, pude ver el propósito del dolor que había causado.

Recuerda

NO SOMOS LA suma de nuestros errores. Ni siquiera somos los mismos de cuando dimos un «giro equivocado» en nuestra vida.

La transformación ocurre cuando vemos que siempre podemos decidir actuar de otra forma mejor. Aunque no olvides que esto no te da carta blanca para tomar continuamente malas decisiones. Sin embargo, para que alguien te perdone tienes antes que perdonarte a ti.

Deja que esta meditación te ayude a liberarte de las manifestaciones de avergonzamiento en tu vida:

Querido Universo

Gracias por permitirme saber que puedo elegir el camino de la integridad.
Ayúdame a liberarme con afecto del pasado, a perdonarme y a seguir
adelante en una realidad que nunca pretenda hacer daño a otro ser humano.
Que así sea, así es.

63: Indulgente – 68: Libre – 37: Desinhibido

18 BLOQUEADO

LO MÁS PROBABLE es que te hayas sentido bloqueado en algún momento de tu vida, y no pasa nada. Tal vez hayas vivido la frustrante sensación de notar que tu inspiración habitual ha dejado de fluir. Tal vez sientas que tu energía está por los suelos y no te apetezca intentar observar tu situación desde una cierta distancia. Cuando te sientes bloqueado es porque necesitas dejarle a la inspiración el espacio para que fluya de distinta forma o manera. Necesitas combinar tu energía un poco. Sal quizás a pasear, date un baño con sales de Epsom o prepárate una taza de té humeante. Y recuerda que a veces la sensación de bloqueo es una gran oportunidad para aprender a confiar en que El Universo está reuniendo la información necesaria para empujarte a emprender una acción inspirada muy pronto. En realidad, esta pausa te permite tomar impulso entre bastidores para crear un nuevo nivel de conocimiento en tu vida.

Recuerda

SI TE SIENTES bloqueado, ¡considéralo un simple bloqueo y no lo empeores más aún! Con frecuencia hacemos una montaña de un grano de arena, como dice el refrán. Medita sobre ello y pídele al Universo que te dé un empujoncito cuando lo necesites:

Querido Universo

Estoy listo para lanzarme de manera inspirada al flujo de energía que me conviene. Ayúdame a desbloquearme y a confiar en que recuperaré mi encanto natural cuando me sienta descansado y renovado en el momento divino perfecto.

Que así sea, así es.

69: Lúcido – 71: Motivado – 2: Abierto

19 CANSADO

DURANTES LOS CINCO primeros años de la vida de mi hijo apenas pude dormir. Thomas se despertaba cada dos horas. Cuando por fin empezó a dormir toda la noche de un tirón, tuve a mi hija y el ciclo empezó de nuevo. Me sentía hecha polvo, estaba cansadísima, no podía con mi alma.

En nuestra vida pasamos por muchas distintas etapas. En una nos podemos sentir de lo más activos y vitales. Y en otra, tan desbordantes de energía como un neumático desinflado. Cuando notas que estás cansado, tu alma te está llamando la atención para que descanses un poco.

El trastorno conocido como «fatiga adrenal» significa que tu cuerpo lleva mucho tiempo en modo de «lucha o huida» y que tu reserva de energía está vacía y consumida.

Recuerda

UNA PODEROSA SIESTA de diez minutos puede ser tu mejor amiga. Cuando te sientas extenuado y consumido, es importantísimo cuidarte.

No intentes ocultar el problema tomando café u otras bebidas con cafeína, permítete descansar un poco. Pídele al Universo que te llene de energía con una meditación onírica...

Querido Universo

Te pido hundirme en un sueño profundo y reparador. Durante este tiempo confío en que mis células, mis órganos, mi mente y mi espíritu se restablecerán y curarán. Haz que me despierte sintiéndome renovado, descansado y listo para gozar de la belleza de la vida.
Que así sea, así es.

9: Alineado – 47: Equilibrado – 44: Energizado

«¡JA, JA, JA! ¡Mírala, Sarah se ha puesto roja como un tomate!»

Tenía ocho años. Era muy tímida y me sentía cohibida. Como era una alumna nueva en el colegio, tuve que ponerme de pie y presentarme en el aula ante mis compañeros. Las mejillas me ardían. No había forma de ocultar mi bochorno. Cada vez que me pedían que hablara en clase, o si me hacían una pregunta o notaba ser el centro de todas las miradas, me ruborizaba. Me ponía colorada, y los chicos revoltosos siempre se burlaban de mí con algún comentario jocoso.

La maldición de este grado de vergüenza no se ha separado de mí la mayor parte de mi vida. Puedo hablar con desparpajo ante un público de miles de personas sin ningún problema. Pero cuando un desconocido me hace un cumplido sobre algo, me ruborizo. No me pasa siempre, pero sé que a veces me ocurre.

Si algo te hace sonrojar en la vida es por haber roto las reglas que te has impuesto. Quizá se te caiga la cara de vergüenza por haber llamado a tu nuevo chico con el nombre de tu exnovio mientras estabais en la cama. A lo mejor en un momento de silencio, cuando de pequeña dabas un recital de piano en tu colegio, se te escapó una ventosidad al agacharte. Tal vez saludaste a una persona que le agitaba la mano a otra a tus espaldas. Las situaciones embarazosas pueden ser deliciosamente cómicas.

Recuerda

SER CAPAZ DE reírte de ti es muy importante. No somos la suma de nuestras rarezas o de nuestras reacciones peculiares. Somos la suma de nuestra valentía para superar cada momento con naturalidad y soltura.

Aún me pongo colorada de vez en cuando. ¡Qué más da! Siempre se presentará alguna situación embarazosa. Pero lo que importa es cómo la afrontamos y procesamos.

Querido Universo

En este momento me siento avergonzado, pero te pido que me recuerdes que un día ya no me importará. Ayúdame a reírme de esta situación y a ver el humor divino como un poderoso maestro.
Que así sea, así es.

59: Gozoso – 67: Juguetón – 37: Desinhibido

CONFUNDIDO

57

QUIZÁS EN ESTE momento estás un poco confundido. ¿Qué te parecería si te dijera que no saber todas las respuestas a tus preguntas tiene su propio encanto? Te encuentras en la deliciosa fase de descubrimiento en la que estás sacando las numerosas capas de la conciencia para comprender lo que se está desplegando en tu vida. Es un milagro, si decides verlo así.

Recuerda

CUANDO ESTÁS CONFUNDIDO, la parte más elevada de tu ser te está instando a aclararte y a fluir con la vida.

Deja que El Universo te eche una mano para desenredar el enmarañado barullo de tus emociones en este momento…

Querido Universo

Confío en que me guiarás y que recibiré las respuestas
a mis preguntas en el momento oportuno y no antes.
Que así sea, así es.

69: Lúcido – 60: Guiado – 45: Entregado

CONTROLADOR

SI ACEPTAS QUE eres una persona controladora, lo más probable es que se deba a que tienes una determinada serie de reglas y alguien (o tú mismo) las está quebrantando. Lo contrario de ser controlador es ser libre. ¿Cómo te sientes al imaginarte que cambias el control por la libertad? Sintoniza con la energía de cómo te sentirías si renunciaras a todas las expectativas que tienes sobre ti y sobre los demás. Debe de producir una sensación magnífica.

Reconocer que eres un «controlador compulsivo» es una llamada del Universo para que dejes este hábito y te entregues al fluir de los acontecimientos. Las personas a las que se les da bien manifestarse y dejarse llevar por el maravilloso fluir de la vida están dispuestas a soltar las riendas y a relajarse un poco. Después de todo, ¿qué es lo peor que te podría pasar? La carga constante del perfeccionismo es la forma más rápida de asegurarte de no sentirte nunca del todo relajado.

Recuerda

CUANDO INTENTAS CONTROLARLO todo, le estás dando la espalda a la confianza que has depositado en El Universo.

Tal vez te aterre pensar que ha llegado el momento de soltar y dejar de controlarlo todo. Pero si deseas ser feliz, abandona esta conducta que no te está haciendo ningún bien. La buena noticia es que El Universo siempre estará contigo para apoyarte y guiarte cuando sientas la necesidad de controlar a los demás.

Querido Universo

Ayúdame a dejar de desear y necesitar controlar a otras personas. Ahora confío en la idea de que todo está sucediendo como tiene que suceder, con tu guía divina, y me abandono a ella.
Que así sea, así es.

85: Satisfecho – 83: Relajado – 45: Entregado

23 CRITICÓN

BHAI SAHIB JI, mi primer maestro de meditación y querido amigo, era un caballero sij de edad avanzada oriundo de Malasia. Llevaba un precioso turbante lila y tenía una larga barba blanca y suelta. Viajaba por el mundo enseñando a la gente el puente entre ciencia y espiritualidad, aunque solía toparse con la incredulidad. Cuando visitaba Australia, se alojaba en nuestra casa. Por la noche, Max y yo nos tomábamos un té con él, y yo le hacía preguntas sobre El Universo, la metafísica, la alquimia y la humanidad.

Una de las perlas de sabiduría que me regaló fue la siguiente frase que atesoro con cariño en mi corazón: «Critícame todo lo que te apetezca, llévate mi karma».

El concepto del «karma» consiste básicamente en que la energía que proyectas volverá a ti. Bhai Sahib Ji creía que, cuando criticamos a alguien, estamos tomando la energía del criticado. Es decir, imagínate que cada vez que escribes un comentario, una crítica o un juicio negativo en el artículo de un blog, o en una nueva entrada en las redes sociales, la energía de la crítica expresada vuelve a ti.

Creas o no en el karma, esta filosofía te permite reflexionar sobre la necesidad de criticar a los demás. Es una oportunidad para canalizar tu energía hacia la dirección que más te beneficie.

Cuando te entren ganas de criticar a alguien, haz una pausa y reflexiona sobre la energía que estás proyectando.

Recuerda

LA COMPASIÓN, NO las críticas, es el sendero del amor y de la menor resistencia. Ten en cuenta que las observaciones constructivas son muy útiles cuando te invitan a dar tu opinión.

Medita sobre ello para dejar la tendencia a criticar a los demás:

Querido Universo

Elijo ahora guiar mi energía hacia la verdad de la cuestión.
Ayúdame a recordar la conexión y la Unidad de la humanidad.
Cuando mi corazón me muestre que no puedo mejorar la conversación,
me morderé la lengua.
Mis palabras no son una expresión de la bondad,
no son necesarias.
Que así sea, así es.

25: Compasivo – 50: Expansivo – 31: Contento

24 CRUEL

SI LE CAUSAS dolor o sufrimiento a alguien intencionadamente, o te da igual si es así, mira en tu interior. No hay razón alguna para ser cruel con tus palabras o con tus actos.

Una enseñanza budista nos recuerda que antes de hablar nos hagamos estas preguntas en nuestra mente:

¿Es verdad?

¿Es afectuoso?

¿Es necesario?

Cuando soltamos lo primero que nos viene a la cabeza y decimos algo que sabemos que herirá a alguien, siempre lo hacemos por no sentirnos bien en nuestra piel. Yo lo he hecho un montón de veces al soltarle cuatro frescas a alguien. Normalmente, sé ponerle el dedo en la llaga y darle allí donde más le duele, y me permito ser de lo más cruel. Este rasgo mío es terrible. Pero si puedes reconocerlo en ti, verás que no le hace ningún bien a nadie y desearás abandonarlo. Me he comprometido de lleno a dejar esta tendencia de mi psique para dominar el arte de la comunicación no violenta. Ser consciente de tus palabras para poder hablar siempre con afecto es todo un regalo.

Recuerda

DI LAS PALABRAS que beneficien tu relación en lugar de contaminarla. La crueldad es síntoma de necesitar alimentar tu corazón.

Querido Universo

Permíteme resolver los conflictos con compasión, con un lenguaje no violento y con palabras justas. Elijo el amor en lugar del veneno para que florezca la belleza pura de la consciencia.
Que así sea, así es.

25 CULPABLE

CUANDO SIENTAS EL gusanillo de la mala conciencia, es importante analizar por qué te sientes culpable. Conozco a muchos padres que se sienten culpables si se reservan un tiempo para ellos. Yo me siento culpable enseguida cuando veo un coche de policía y nunca he llegado a saber por qué. Supongo que me entra la paranoia de poder estar cometiendo alguna infracción o de meterme en un problema de algún modo.

Sean, mi marido, experimenta sentirse culpable con frecuencia y cree saber de dónde le viene esa sensación. Cuando tenía unos siete años le acusaron de algo que no había hecho. Por lo que su madre lo sacó de aquel colegio y se ocupó de educarlo en casa hasta el octavo curso. Por lo visto, le habían acusado de defecar en un urinario. Sean sigue asegurando hasta el día de hoy que no fue él quien lo hizo.

Recuerda

LA CULPABILIDAD ESTÁ muy ligada a los remordimientos. Si no has hecho nada que haya herido a otro o a ti, no tienes por qué sentirte culpable.

Pero si te remuerde la conciencia por algo que has hecho, nunca es demasiado tarde para enmendar tus acciones. El Universo siempre te ayudará a encontrar la claridad necesaria para dar el primer paso.

Querido Universo

Me desprendo de mi sensación de culpa y vivo el presente con una actitud receptiva y con ganas de seguir adelante. Ayúdame a perdonarme, a perdonar a los demás y a ser compasivo conmigo mismo para confiar en el proceso que se está desplegando.
Que así sea, así es.

63: Indulgente – 68: Libre – 28: Confiado

DEPRIMIDO

SI TE SIENTES deprimido, has de saber que no eres el único. Hay 350 millones de personas en el mundo aquejadas de depresión. Después de dar a luz, las posibilidades de que una mujer sufra una depresión posparto son del orden de un 10 a un 15 por ciento. Yo la padecí en dos ocasiones, después de los nacimientos de mi primer hijo y del cuarto. La sensación de depresión es como si tuvieras una toalla húmeda pegada al corazón y a la cabeza. La percepción de la realidad es brumosa, deprimente y vacía. Dicho esto, solo tú puedes definir la sensación que a ti te produce.

Tengo la teoría de que una depresión viene de los sentimientos sin procesar acumulados a lo largo del tiempo. A nivel puramente metafísico, la energía que circula por el cuerpo se bloquea.

Recuerda

ERES UN SER poderoso lleno de energía. La vida circula por tu cuerpo todo el tiempo si se lo permites.

Ser bueno contigo mismo e intentar progresar día a día es otro punto importante si estás deprimido. La niebla emocional se disipará en el momento oportuno. Mientras tanto, confía en que esta experiencia forme parte de tu viaje.

Pídele al Universo que te guíe, busca apoyo, habla con personas que te puedan ayudar y recuerda que la vida cambia, y que lo más probable es que no estés deprimido hasta el fin de tus días...

Querido Universo

Te pido que esta experiencia se esfume para sentirme vivo en mi corazón y confiar en que estos sentimientos forman parte de mi viaje. La luz no podría existir sin la oscuridad. En cuanto yo me lo recuerde, haz que mi depresión desaparezca. Me siento feliz y pleno, y estoy curado.
Que así sea, así es.

52: Feliz – 33: Curado – 75: Pleno

 DERROTADO

CADA DÍA QUE iba a la Universidad pasaba por delante de George, un vagabundo que se parecía a Oscar el Gruñón de *Barrio Sésamo*. A decir verdad, olía como él y también vivía en un contenedor de la basura. Solo tenía dos cosas: cerveza y una manta. Se decía que había sido millonario y que, al arruinarse, decidió abandonar a su familia y vivir en la calle. Solía importunar a la gente pidiéndole a gritos que le compraran una cerveza. Por lo que a George respecta, el mundo estaba en deuda con él por haberle derrotado. Meaba en los portales de las tiendas, insultaba a gritos a los transeúntes y dormía allí donde le venía en gana. Se había rendido. Había tocado fondo y no salió del abismo hasta el día en que un autobús se lo llevó por delante y lo mató en el acto.

Recuerda

EL UNIVERSO NUNCA te dará más de lo que puedas manejar.

Sabiéndolo, las circunstancias nunca te pueden vencer. En los momentos dolorosos nos olvidamos de que nadie se escapa con vida de la experiencia terrenal que nos ha tocado vivir. Tarde o temprano, volveremos a la Unidad.

Si te sientes derrotado por la vida, recuerda que puedes ver la situación desde una cierta distancia y conectar con el Universo para que te guíe en ese momento…

Querido Universo

Recuérdame que progreso en la vida y que mi experiencia actual es una valiosa lección. Te doy las gracias por esta oportunidad para crecer y por el regalo de saber que la vida es cambiante.
Que así sea, así es.

85: Satisfecho – 56: Fluyente – 65: Inspirado

DESAGRADECIDO

ERA LA MAÑANA del día de Navidad de 1986, y mi hermana pequeña y yo abrimos los regalos que nos habían hecho nuestros padres. A ella le regalaron un «Mi bebé», la muñeca que todas las niñas de mi clase querían en aquel tiempo, yo incluida. Pulsabas un botón en el cuello y la muñeca te abrazaba. Pero al abrir mi regalo, descubrí un muñeco «Alf» (el peculiar extraterrestre del planeta Melmac de la serie televisiva), y en lugar de agradecer mi regalo, me quejé al instante.

«¡Este Alf ni siquiera habla, yo quería un "Mi bebé"!»

Estoy segura de que soné como Veruca Salt de *Charlie y la fábrica de chocolate*, aunque con más derecho a protestar y más malcriada.

Cuando no haces un espacio en tu vida para ser agradecido, le estás diciendo al Universo que no te mande nada más hacia tu dirección. La ingratitud es la forma más rápida de no manifestar una transformación en tu realidad.

Recuerda

PARA CONTRARRESTAR LOS efectos del desagradecimiento, busca cosas por las que sentirte agradecido.

La próxima vez que descubras que eres ingrato, recuerda que todo cuanto se manifiesta en tu vida es un regalo, aunque sea un muñeco Alf...

Querido Universo

Recuérdame todo aquello por lo que estar agradecido en mi vida.
Ayúdame a crear una práctica diaria de gratitud para aceptar
plenamente todo cuanto manifiesto.
Que así sea, así es.

7: Agradecido – 31: Contento – 20: Atento

29 DESBORDADO

LA SENSACIÓN DE estar desbordado es literalmente como cuando tienes demasiadas ventanas abiertas en el ordenador y lo único que ves es la esferita tornasolada girando. Cuando estás en modo desbordado, lo más probable es que tu sistema se acabe bloqueando. Es como un artista circense haciendo malabarismos con demasiadas pelotas a la vez. Lo cierto es que es imposible vivir siempre en este estado, por eso tienes que volver a un ritmo de vida más pausado.

Recuerda

TODO CUANTO EXISTE es el momento presente, el ahora.

Si tu lista de cosas por hacer es demasiado larga, si tienes constantemente peticiones de tu familia, facturas que pagar y una serie interminable de tareas para realizar…, en tal caso, PÁRATE. Recuerda que, a no ser que te ocupes de ti primero, no podrás completar nada a la larga.

He vivido en modo desbordado en muchas ocasiones en mi vida. Ahora me asomo a mi interior y me pregunto qué necesito hacer para bajar el ritmo y detenerme un instante para recordar mi momento de poder. Prepárate un té, sal a pasear, echa una siesta, date un baño relajante, haz aquello que te ayude a calmarte, y no dejes que la energía de las expectativas frenéticas te consuma.

Querido Universo

Ahora inhalo la energía de la serenidad y exhalo las sensaciones de estrés y agobio. Ayúdame a advertir que el tiempo es pasajero y que la urgencia de las tareas físicas es una ilusión en la que tiendo a caer cuando me siento con un poco más de energía.
Que así sea, así es.

47: Equilibrado – 68: Libre – 88: Sereno

DESCONECTADO

LA VIDA PUEDE ser ajetreada, demencial, azarosa, agobiante y terrible. Si en este momento te sientes desconectado, lo más probable es que se deba a que estás en modo desconexión en lugar de en modo conexión. Es una trampa en la que caemos fácilmente. Todos revoloteamos (como mariposas) entre la conexión y la desconexión en distintas épocas de nuestra vida, porque nos ayuda a recordar la danza constante de las posibilidades.

Recuerda

LA VIDA TRATA sobre recordar y olvidar. Es cíclica.

Cuando te sientes desconectado del Universo, de los demás y de la inspiración, significa que estás en la etapa del olvido. Aunque no te preocupes, la acabarás dejando atrás como todo en la vida. Si adviertes que estás desconectado, acuérdate de pedirle al Universo que te ayude y guíe para recordar lo delicioso que es volver a conectar con el fluir de las oportunidades mágicas:

Querido Universo

Ayúdame a recordar que todos formamos parte del entramado de la Unidad. Procuraré ahora conectar con las cosas y las experiencias que me colman de alegría. Cuando mi corazón se siente lleno, la llama de la conexión se vuelve a avivar.

Que así sea, así es.

27: Conectado – 50: Expansivo – 78: Presente

31 DESCONFIADO

LA DESCONFIANZA SUELE estar originada por uno de estos tres factores: una corazonada, un problema relacionado con la confianza o un hábito de conducta del pasado que siempre nos lo ha echado todo a perder.

Como les ocurrió, por ejemplo, a Crystal y Jimmy. Crystal amaba a Jimmy. De hecho, estaban esperando a su primer hijo. Las relaciones anteriores de Crystal habían hecho que ahora no se fiara de los hombres. Aunque su relación de pareja fuera estupenda, Crystal sentía en su corazón que Jimmy no estaba siendo del todo sincero con ella.

Una tarde, después de tener una pelea colosal, Jimmy se fue de casa hecho una furia para estar solo un rato. Crystal aprovechó la ocasión para buscar en el portátil de su pareja la prueba del pálpito que tenía. En efecto, descubrió un correo electrónico dirigido a un amigo mutuo en el que Jimmy le contaba que no sabía si le sería fiel a su mujer si iba a una conferencia de negocios. A Crystal se le partió el corazón. ¡Esperaba un hijo suyo! Tras una pequeña búsqueda en un ordenador, había dado con la verdad.

Recuerda

TE ACONSEJO QUE no invadas la privacidad de nadie. Mi otro consejo es que si desconfías de tu pareja y te planteas espiarle con algún sistema, significa que en vuestra relación estáis pidiendo a gritos amaros y comunicaros. Es importante no hacer nunca algo que a tu pareja le pueda doler.

Si eres una persona desconfiada por naturaleza, deja que esta tendencia tuya sea tu meditación:

Querido Universo

Me desprendo de mi sentimiento de desconfianza. Confío en que todo está bien en mi vida y en que mi intuición siempre me está guiando para que lo vea todo desde un punto de vista más amplio. Haz que la verdad sea la luz que me guíe.
Que así sea, así es.

27: Conectado – 61: Honesto – 28: Confiado

DESESPERANZADO

CUANDO HAS PERDIDO la esperanza, El Universo trabaja entre bastidores a un ritmo vertiginoso para buscarte una solución. La energía de la desesperanza es creer que ya no te queda ninguna opción, que has tocado fondo, o sea que lo único que puedes hacer es salir del pozo.

Recuerda

SUPERARÁS LOS MOMENTOS de desesperanza al creer en algo que está más allá de lo que ves. Los sentimientos de desesperanza suelen surgir cuando estamos a punto de triunfar.

El Universo solo puede ofrecerte soluciones cuando te abandonas a tu experiencia. Significa que decides ver la situación de otra manera. Cambias tu centro de atención, te fijas en lo bueno que hay en tu vida (si te es posible) y recuerdas que todo es posible si realmente lo crees en tu corazón.

Querido Universo

Te pido que acrecientes la fe y la esperanza en mi corazón.
Recuérdame que estoy realizando un viaje vital y que esta vivencia
forma parte del plan divino.
Que así sea, así es.

69: Lúcido – 26: Concentrado – 77: Positivo

33 DESTROZADO

MIRÉ EN LA pantalla la imagen de la ecografía y vi a mi bebé hecho un ovillo con sus preciosos bracitos y piernecitas, perfectamente formado…, pero no le latía el corazón.

«Lo siento», dijo el técnico.

Sentí como si mi cuerpo entero fuera succionado por un sumidero energético. El tiempo se detuvo. Ni siquiera recuerdo qué me dijo a continuación o qué le respondí yo al técnico o a la enfermera. Solo sé que me vestí a toda prisa y me largué del hospital lo antes posible. Estaba embarazada de dieciséis semanas y solo tenía 20 años. Me sentía destrozada, mi hijo había muerto en mis entrañas.

Aunque diera a luz a un niño sano un año después de haber perdido a mi primer bebé, seguía destrozada emocionalmente en toda su amplitud. Necesitaba recibir ayuda y recuperarme del trauma.

Cuando te pasa algo terrible en la vida, es importante no permitir que te defina.

Recuerda

EL UNIVERSO TE enseñará a menudo a sentirte cómodo con la incertidumbre para que vuelvas a la magia del momento presente.

Si estás destrozado por una tragedia que ha ocurrido en tu vida, procura volver a conectar con El Universo e intenta hacer esta meditación:

Querido Universo

Confío en que me revelarás el propósito de este doloroso momento.
Ayúdame a recordar que este mal trago acabará pasando
y que me recuperaré en el momento oportuno. Mientras tanto,
me comprometo a cuidarme y a ser compasivo conmigo mismo.
Que así sea, así es.

13: Amado – 17: Apoyado – 96: Valioso

DISTANTE

¿POR QUÉ TE sientes distante en este momento? ¿Es por estar desconectado de los tuyos? ¿De tu pareja, quizás? En la mayoría de los casos, si te sientes distante significa que los demás también te ven así. Si no es tu intención crear un espacio entre tú y los tuyos, habla de ello. Expresa cómo te sientes y pídeles que no se lo tomen a pecho mientras dedicas un tiempo a recuperar el equilibrio y a darle un sentido a tu vida.

Recuerda

TIENES TODO EL permiso del mundo para tomarte el tiempo que necesites para procesar tus emociones, ¡sean las que sean!

Cuando te sientes distante, corres el riesgo de no estar presente en tu vida. Tu papel consiste en cerrar la brecha entre el miedo y la fe. El distanciamiento emocional significa que no es fácil contactar y conectar contigo.

Querido Universo

Te pido ser compasivo con las personas de mi alrededor. Ayúdame a expresar que no es mi intención mostrarme distante. Confío en que estaré presente en este proceso. Dejo que el refugio que busco me cure el corazón de la forma que necesito.

Que así sea, así es.

27: Conectado – 5: Afectuoso – 78: Presente

35 DISTRAÍDO

¿TE DISTRAES FÁCILMENTE de lo que deberías estar haciendo? ¡El estadounidense medio pasa 2,6 horas diarias ocupado con el teléfono! ¡Equivale a más de 5 años a lo largo de toda una vida! Es más tiempo del que pasarás comiendo y bebiendo. Cada vez nos concentramos durante menos tiempo porque las redes sociales nos están ofreciendo información a todas horas desde la pantalla del móvil. Estamos expuestos a toneladas de información inútil a diario. ¡Por eso no es de extrañar que nos distraigamos fácilmente!

Recuerda

TU MOMENTO DE poder es tu capacidad para no dejarte distraer y vivir el presente.

Ponte el reto de desconectar un rato a diario. Una de las mejores formas que he descubierto para no distraerme y estar concentrada en lo importante consiste en sacar el móvil del dormitorio. Lo he reemplazado por un despertador antiguo de mi época escolar. Esto me ayuda a cultivar el estar presente y a empezar el día con un objetivo. Si te cuesta concentrarte y te distraes con el vuelo de una mosca, prueba lo siguiente:

Querido Universo

Mi energía está presente en este momento. Participo plenamente en lo que tengo entre manos. Mi energía es firme y está puesta en su objetivo. Esta es la esencia de la misión de mi alma.
Que así sea, así es.

56: Fluyente – 26: Concentrado – 78: Presente

36 DOLORIDO

CADA UNO TENEMOS un distinto umbral del dolor. ¡Una mujer puede dar a luz con pasmosa facilidad, y en cambio otra puede haber estado a punto de morir al sentirse como si estuviera empujando una sandía por el ojo de una aguja! Si sufres dolor a diario, sea físico o emocional, ten presente que puedes reducirlo de distintas formas, como por medio de terapias alternativas y de la meditación.

Cuando a Sean se le enganchó el dedo pequeño del pie en la cesta de la colada, juró que nada le había dolido tanto en toda su vida. Mi experiencia más dolorosa fue cuando la epidural y la anestesia dejaron de surtir efecto mientras traía al mundo a mi hija Lulu por cesárea. ¡Es distinto para cada persona!

Recuerda

ERES UN SER espiritual. El dolor solo existe en el mundo físico. Deja que tu conciencia recurra a la fuerza no física cuando la necesites.

Por eso la hipnosis, las terapias alternativas como la TLE (técnica de liberación emocional) y el reiki (curación energética) son tan poderosos.

La próxima vez que te retuerzas de dolor, o si te sientes ahora dolorido, pídele al Universo que te ayude...

Querido Universo

Me desprendo ahora del dolor de mi cuerpo, mi mente y mi espíritu.
Ayúdame a reemplazarlo por fuerza interior para que me cure.
Haz que mi ser se llene de luz, amor y valentía.
Que así sea, así es.

9: Alineado – 52: Feliz – 33: Curado

37 DUDOSO

SI ESTÁS SINTIENDO la punzada de la incertidumbre en tu vida, significa que estás aprendiendo de lleno una de las lecciones más poderosas que la vida tiene para ofrecerte. Todos hemos oído decir que solo hay dos cosas seguras en la vida: la muerte y los impuestos. Todo lo demás es una fiesta movible que puede ser excitante y aterradora al mismo tiempo. La diferencia está en tu forma de ver la situación mientras acaece.

En 2014 me quedé embarazada por tercera vez en seis meses. En ese espacio de tiempo habían dejado de latir en mi seno un par de corazones diminutos y ahora estaba muerta de miedo. En mi octava semana de gestación Sean y yo decidimos comprobar con una ecografía si el bebé que esperábamos estaba sano y salvo, porque yo había empezado a sangrar.

«La cosa no pinta bien, pero el corazón le late. Vuelve dentro de dos semanas», dijo el doctor.

Durante ese tiempo, Sean imprimió centenares de distintas entradas de foros sobre el embarazo compuestas de historias de mujeres con un bebé en sus entrañas que estaba creciendo a un ritmo más lento de lo normal y a las que al final todo les había ido bien.

Mi querida amiga Dallyce me recordaba que, mientras mi hijo estuviera vivo, había esperanza.

Yo usaba todas estas inspiradoras ayudas como ancla para serenarme y decirme que todo iría bien. Estaba cabalgando la ola gigantesca de la incertidumbre. Fue una poderosa lección espiritual.

Recuerda

SI CONSIGUES SENTIRTE cómodo con la incertidumbre y verla como parte de un plan divino, navegarás con soltura por la vida y por cualquier situación que te presente.

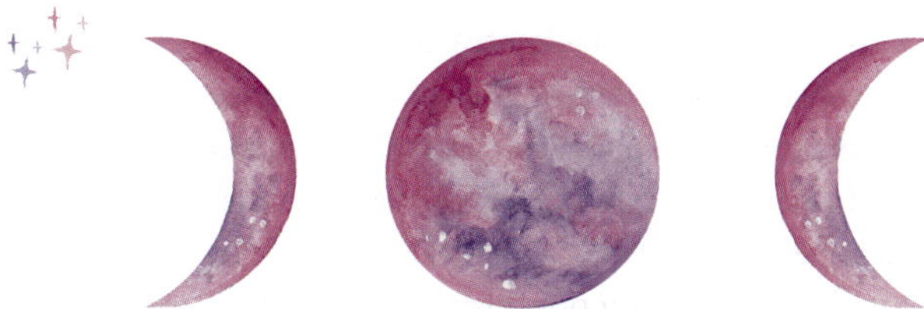

A las once semanas aproximadamente, perdí a mi bebé. La analítica reveló que era una niña afectada con una anomalía genética muy poco común conocida como trisomía 18. De haber sobrevivido, habría muerto a las pocas semanas. La experiencia y el honor de llevar su vida diminuta en mi seno valieron cada microsegundo de incertidumbre.

Cuando te enfrentes con la incertidumbre (si no te queda otra opción) en tu vida, deja que El Universo te tome de la mano y te guíe para recordar lo siguiente:

Querido Universo

Estoy plenamente presente en este momento. Mi alma sabe que sentirme cómodo con la incertidumbre es mi acuerdo sagrado, y acepto la oportunidad de vivir la vida en toda su maravillosa plenitud.
Que así sea, así es.

95: Valiente – 45: Entregado – 28: Confiado

38 EGOÍSTA

A VECES ESTÁ bien ser egoístas, en especial cuando se trata de cuidarnos..., mientras no sea a costa del bienestar de otras personas.

A la semana de nacer mi hijo Thomas, Max perdió su trabajo. Con un hijo recién nacido a nuestro cargo, nos vimos obligados a irnos a vivir con mis padres. Como yo seguía conservando la nacionalidad neozelandesa y Max era inglés, no pudimos recurrir a la ayuda social del Gobierno australiano. Carecíamos de ahorros y nos resultaba imposible hacer frente a los gastos domésticos. Cuando Thomas tenía ocho semanas de vida, contábamos con menos de 300 dólares para pasar varias semanas. Mis padres nos daban de comer y un techo bajo el que guarecernos, pero teníamos que pagar de nuestro bolsillo la leche en polvo y los pañales de nuestro hijo.

Una tarde, Max regresó a casa habiéndose gastado más de 100 dólares en revistas de diseño de automóviles, alegando que las necesitaba para estar «inspirado». ¡Puse el grito en el cielo! ¡Era un hombre de 33 años viviendo a costa de mis padres! Me sentí como si fuera el acto más egoísta y ególatra del mundo. Dicho esto, a lo largo de mi vida yo también he sido vergonzosamente egoísta por algunas acciones mías que dejaban mucho que desear.

Recuerda

SÉ CONSCIENTE DE tus actos y considera antes de actuar cómo afectarán a los demás.

Si adviertes que eres egoísta, cambia tu actitud interior y ponte al servicio de los demás.

Querido Universo

Ayúdame a reconocer que soy egoísta en lugar de amarme y ser consciente de mis actos. Haz que siempre me acuerde de preguntarme cómo mis acciones afectarán a los demás. Muéstrame de qué forma puedo serles útil.

Que así sea, así es.

30: Consciente – 12: Amable – 20: Atento

ENFERMO

QUIZÁ TIENES LA gripe, un resfriado, un virus intestinal o una intoxicación alimentaria. Es posible que incluso estés sufriendo alguna clase de enfermedad que se propaga por tu cuerpo mientras realizas tu viaje hacia la curación.

Estar enfermo es una gran oportunidad para manifestar bienestar. A decir verdad, en nuestra calidad de seres humanos, es importante recordar que cada día mueren y se regeneran de 50.000 a 70.000 millones de células en nuestro cuerpo. Significa que nos estamos convirtiendo constantemente en nuevas versiones de nosotros mismos.

Enfermar es un fastidio. He estado embarazada en diez ocasiones, de modo que a lo largo de los años he tenido muchas náuseas. Cuando esperaba a mi hija Lulu, las tuve tres meses seguidos. Aprendí a vomitar limpiamente en mi propio bolso (forrado con una bolsa de la basura, claro está) cuando salía de casa. ¡Llegué a hacerlo con tanta naturalidad que casi lo convertí en un arte! Cuando por fin las náuseas desaparecieron, me sentí como una persona nueva llena de energía y de propósitos.

Recuerda

CUANDO NO TE encuentras bien, tu cuerpo está haciendo todo lo posible para recuperarse. Tu cometido consiste en confiar en el proceso y en recordar que la enfermedad no durará siempre.

Cuando enfermes, conecta con El Universo para acelerar el proceso curativo…

Querido Universo

Confío en que estás llenando a mi ser de la energía del bienestar.
Ahora me veo a mí mismo pleno, curado y vital. Haz que mi sistema inmunológico se refuerce y que mi cuerpo se vigorice con las posibilidades.
Que así sea, así es.

33: Curado – 97: Vibrante – 75: Pleno

EN PELIGRO

SI EN ESTE momento te sientes en peligro, busca a alguien que te apoye o ayude. La inseguridad asusta, cálmate lo máximo posible y procura sentirte bien. A veces nos sentimos inseguros constantemente. Cerciórate de que tu seguridad sea una prioridad y de no correr ningún peligro.

Si en este momento te sientes a salvo, memoriza este consejo, puede serte útil en el caso de necesitarlo.

Una noche, Sean y yo estábamos en Melbourne, Australia. Volvíamos al hotel, pasada la una de la madrugada. Nos alojábamos cerca de la calle Flinders, en los aledaños de la estación de tren. Transitaba muy poca gente por la calle. De pronto, dos tipos corpulentos se encaminaron agresivamente hacia nosotros, como si tuvieran la intención de atracarnos. Sean y yo sentimos que corríamos peligro. Pero mantuvimos la calma y seguimos andando con un poco más de brío, sacando pecho. Como mostramos que no nos intimidaban, pasaron por nuestro lado. A los dos días, nos enteramos de que habían apuñalado a una pareja en los alrededores de la estación de tren.

Recuerda

SI SIENTES QUE estás en peligro, mantén la cabeza fría. Sé consciente de tu entorno, de tu energía, y busca una vía de escape. Prepárate para reaccionar.

> ### Querido Universo
>
> Haz que me sienta seguro en este momento. Ayúdame a confiar en que mi intuición y mi instinto me guiarán para que esté a salvo en cualquier situación a la que me enfrente.
> **Que así sea, así es.**

95: Valiente – 24: Calmado – 1: A salvo

㊶ ENOJADO

MI PADRE SIEMPRE me estaba contando la historia de su tía Polly. Pero ni siquiera sé si es real.

Polly y Jack tenían un hijo de cinco años. Era lo bastante pequeño como para meterlo en el cubo y bajarlo por el pozo (de la granja) para ver si la bomba estaba obturada. Polly le rogó a Jack que no bajara a su hijo por el oscuro pozo. Intuía que podría ocurrirle algo horrendo. Debía de haber un escape de gas o vapores tóxicos, porque, cuando subieron el cubo, el niño estaba muerto.

A partir de entonces la relación entre Polly y Jack ya nunca fue la misma. Cuando Jack se sentaba a la mesa para desayunar, se encontraba en el plato una nota de Polly que decía: «Murió por tu culpa, Jack.»

Manifestaba su enojo obsesivamente escribiendo estas cinco palabras a la menor ocasión.

«Murió por tu culpa, Jack.»

Le dejaba la nota en las paredes, en los espejos, en los muebles. Polly estaba tan furiosa con Jack que perdió la cabeza y tuvieron que ingresarla en un psiquiátrico el resto de su vida.

Es un caso extremo de cómo la rabia puede hacerte enloquecer. Por eso es tan importante no enojarse por estupideces. Cuando te enfureces, irritas o impacientas con los demás, El Universo te está pidiendo que superes la situación. El corazón de la tía Polly nunca se recuperó por ser ella presa de la ira.

Recuerda

PUEDES ELEGIR CÓMO respondes a las situaciones. La vida está llena de momentos que podrían sacarte de quicio. No dejes que la ira te consuma.

Querido Universo

Ayúdame a liberarme de la ira y del enojo.
Haz que recupere mi estado natural de paz, alegría, amor y felicidad.
Que así sea, así es.

24: Calmado – 63: Indulgente – 45: Entregado

ENVIDIOSO

42

TARA Y JEN habían sido grandes amigas desde el jardín de infancia. En la treintena ambas seguían solteras y estaban deseando encontrar a su pareja para formar una familia y tener hijos. Pese a usar aplicaciones de citas, ir a discotecas e intentar pescar a algún chico en los bares, no habían encontrado a su príncipe azul. Su soltería era su tema principal de conversación, su obsesión. Hasta que Jen encontró a su alma gemela en una librería. Conoció a Joseph, y su apasionado romance acabó en matrimonio y con el nacimiento de dos niñas gemelas en tan solo dos años. Tara se moría de envidia. En realidad, su amistad de toda la vida se rompió abruptamente por ser ella incapaz de alegrarse por Jen.

Recuerda

CUANDO SIENTES ENVIDIA y eres incapaz de alegrarte por el éxito ajeno, estás bloqueando la energía de tu propia felicidad.

El secreto está en intentar llegar con suavidad a un estado en el que te alegres por quienes manifiestan lo que desean en la vida. Ser capaz de desearles lo mejor de corazón es un proceso que lleva su tiempo, pero es esencial que consigas hacerlo.

Si envidias a alguien, deja que esta sea tu meditación:

Querido Universo

Haz que en lugar de envidiar a los demás me alegre de sus éxitos.
Ayúdame a sintonizar con la energía de la alegría para poder manifestarla
al mismo nivel. Ahora recuerdo esta frase y la aplico en mi vida:
«Te deseo a ti lo que deseo para mí».
Que así sea, así es.

43: Encantado – 52: Feliz – 77: Positivo

⬤ 43 ESTRESADO

UN GRUPO DE investigadores de Harvard estima que el 80 por ciento de las visitas médicas las causa el estrés. También estiman que en 2010 más de uno de cada cinco estadounidenses adultos tomaron medicamentos para tratar trastornos psiquiátricos como la ansiedad y la depresión. El estrés es un asesino silencioso, de ahí que sea tan importante cuidarnos adoptando rituales diarios para calmarnos y relajarnos y recordar que tenemos el poder de gestionar nuestras emociones.

Recuerda

CUANDO TE SIENTAS estresado, no olvides que si cambias tus pensamientos, cambias tu realidad.

A nivel físico, el estrés puede generar enfermedades debido a la producción de cortisol. Esta hormona puede causar aumento de peso, trastornos de sueño, reducción de la libido… La lista de problemas derivados del estrés que probablemente no querrás manifestar es inacabable. La mejor solución es gestionar tus pensamientos y emociones con algún método suave. Sal de tu cabeza y entra en tu corazón. Prepárate un té de albahaca sagrada (tulsi) —los adaptógenos de origen vegetal que contiene reducen el estrés—, y hazte un hueco a diario para meditar y conectar con El Universo.

Querido Universo

Ahora me desprendo de la energía del estrés y la sustituyo
por la de la autocompasión y la convicción de que El Universo
se ocupa de mí. Me instalo en el espacio de mi corazón
y sé que es importante cuidarme cada día.
Que así sea, así es.

25: Compasivo – 85: Satisfecho – 83: Relajado

 # FEO

SENTIRNOS FEOS ES innecesario. ¡La fealdad no existe! Como seres humanos, todos somos únicos y ni una sola persona puede considerarse inequívocamente «un adefesio». Si te sientes poco atractivo, puedes aprovechar el poder de las afirmaciones positivas y recordar tu belleza auténtica. Yo le he enseñado a mi hija Lulu a tener en cuenta la belleza multidimensional. Ella es hermosa en sus acciones y en sus intenciones, y esto se ve por fuera, tenga el aspecto que tenga. Cada día reafirmo su belleza. En realidad, lo hago con mis tres hijas.

Sin embargo, la conducta sí puede ser fea, hablaré de este tema más adelante.

Las situaciones, las acciones, las reacciones, etcétera, pueden formar parte del mundo de la fealdad. ¡Sé que cuando me peleo con mi madre las cosas pueden ponerse feas en un santiamén! En el pasado, ambas decidíamos tomar el peor camino en lugar del mejor. Nos lanzábamos insultos —descalificaciones, reproches, acusaciones—, ¡y esto deja mucho que desear! Las conductas feas se encubren, y hay que identificarlas y gestionarlas en cuanto las detectamos.

Recuerda

ERES RESPONSABLE DE cómo te comportas y respondes a la gente y a las experiencias. No te olvides nunca de ser afable en cualquier situación. Las palabras bondadosas siempre son útiles.

Querido Universo

Ayúdame a dejar de sentirme feo. Haz que me acuerde de proyectar mi belleza interior. Soy un alma luminosa que proyecta una forma llena de vida. Soy bondadoso, compasivo y solidario.
Que así sea, así es.

21: Bello – 86: Seguro de mí mismo – 97: Vibrante

45 FURIOSO

A LOS CATORCE años tenía un caballo llamado *Cecil*. Era bastante viejo, pero yo lo quería con locura. Lo montaba por la granja de cuatro hectáreas en la que vivíamos, y me pasaba un montón de horas disfrutando simplemente de su compañía. Pero un día alguien se dejó la cerca abierta y *Cecil* se escapó. Loco de alegría por su inesperada libertad, galopó en contradirección por una carretera. Un pequeño Toyota Corolla amarillo lo atropelló, rompiéndole la columna y las patas. Murió al poco tiempo.

Al día siguiente, el conductor del vehículo vino a vernos para pedirnos disculpas.

«¡Has matado a mi caballo, cabrón!», le grité. Estaba furiosa. Me sentía enfurecida con ese pobre tipo que no se imaginaba que se toparía con un caballo en medio de la carretera.

Cuando estamos rabiosos por algo, suele deberse a una reacción fuera de lugar e innecesaria. Las sustancias químicas que nuestro cuerpo libera cuando nos enfurecemos con alguien o con algo son tóxicas para el organismo. Por eso es tan importante elegir nuestras batallas con buen tino y gastar nuestra energía con sensatez.

Recuerda

SER CAPAZ DE gestionar tus emociones para no reaccionar con violencia es el mayor acto de amor que puedes ofrecerte.

Si te sientes furioso con alguien o con algo, pídele al Universo que te guíe en ese momento...

Querido Universo

Recuérdame el poder que tengo para gestionar mis emociones.
Haz que mis reacciones se suavicen para decir lo que pienso de forma pacífica y expresar mi verdad con bondad y sin violencia.
Que así sea, así es.

24: Calmado – 63: Indulgente – 45: Entregado

HERIDO

UNA DE MIS citas favoritas de todos los tiempos es de Rumi, el poeta sufí:

«La herida es el lugar por donde entra la luz.»

Cuando te sientes herido —ya sea en el plano emocional, físico o espiritual— estás llamando a la energía del Universo para que te cure si tú se lo permites. Tu papel es facilitarle la curación o dejar que la herida defina quién eres. Esta experiencia tal vez te haga sentir un poco atrapado o un tanto dolorido a veces.

Las escasas personas que veo en el gimnasio con piernas ortopédicas me fascinan. Hay un tipo que lleva una pierna mecánica de rodilla para abajo. Desprende una energía fuerte y poderosa en su forma de moverse y de manejar las pesas y en su compromiso de ir al gimnasio cada día. Aunque no le conozca personalmente, intuyo que ha superado grandes barreras mentales por su forma de comportarse. Muchas personas inspiradoras y extraordinarias han llegado a ser lo que son en la actualidad por las horrendas experiencias que han vivido. Me gusta ver charlas TED porque me recuerdan nuestro potencial para transformar el dolor en poder.

Sea cual sea el dolor que sientas o la «herida» que tengas ahora, ten presente que es el umbral que lleva a todo tipo de posibilidades.

Recuerda

LA SITUACIÓN POR la que ahora estás pasando te está preparando para lo que pediste. Tu realidad de hoy son las emociones cristalizadas de ayer.

Querido Universo

Ayúdame a acoger y aceptar la energía de la curación para que me guíe en estos momentos. Confío en que la sabiduría infinita de mi cuerpo, mi mente y mi espíritu le harán recuperar el equilibrio y la armonía a mi ser.
Que así sea, así es.

42: Empoderado – 33: Curado – 93: Transformador

47 HUMILLADO

LA HUMILLACIÓN Y el bochorno son primos hermanos, pero la humillación nos hace más daño. La humillación es traumática y se suele sufrir en silencio; en cambio, el bochorno, al verlo en retrospectiva, lo podemos trasformar en una historia cómica.

Desde los albores de la humanidad las personas han humillado, intencionadamente, a otros seres para ganar poder y demostrar algo, como las atrocidades de la esclavitud, la crucifixión de Jesucristo, las mujeres perseguidas y acusadas de brujería, el castigo de alquitranar y emplumar a los transgresores para denigrarlos públicamente y los actos inimaginables de humillación que llevaron al exterminio de seis millones de judíos en la Segunda Guerra Mundial.

Humillar y culpabilizar a otro ser humano nunca crea ningún cambio ni genera un verdadero poder. Sea lo que sea lo que te esté sucediendo ahora, intenta centrarte en la energía de la perspectiva.

Recuerda

LA HUMILLACIÓN NUNCA demostrará nada ni cambiará las cosas. Solo manifestará sufrimiento.

Si alguien te ha humillado intencionadamente, recuerda tu propia grandeza. Eres un ser ÚNICO. Es una invitación del Universo para que superes el sufrimiento y te recuperes. También puedes intentar (si es posible) sentir compasión por las personas que son incapaces de ver la verdad.

Querido Universo

Dejo que esta experiencia me atraviese sin que quede atrapada en el conjunto de mi cuerpo, mi mente y mi espíritu. Haz que sienta compasión por los que son incapaces de ver la verdad. Ayúdame a liberarme del peso que siento y de la historia de este sentimiento de humillación para que mi corazón entre libremente en un estado de amor.

Que así sea, así es.

95: Valiente – 63: Indulgente – 100: Vulnerable

48 IGNORADO

«¡NO ME ESTÁS escuchando! No oyes lo que te estoy diciendo.»

¿Te suena?

Sentir que alguien no te está escuchando es muy enojoso. Hay, sobre todo, dos maneras de asegurarte de que los demás te escuchen. Pregúntate si eres un buen escuchador. A veces proyectamos sin saberlo nuestra forma de comportarnos con la gente. Si adviertes que alguien no está escuchando lo que le dices, tal vez necesites cambiar de táctica para adaptarte a su forma de ser. Cada uno tenemos un modo distinto de recibir la información. Algunas personas la escuchamos. Y otras, la vemos. O sentimos la información que nos presentan.

Si te comunicas con una persona visual, intenta «mostrarle» los puntos principales. Las personas kinestésicas (se basan en los sentimientos) tienen en cambio que oír palabras con un sistema más tangible. Usan frases como: «Noto que» y otras similares. Con la gente que se basa en lo que oye tienes que comunicarte sobre todo con tu tono de voz. Si les hablas en un tono demasiado alto o agresivamente, no crearás el espacio adecuado para que te escuchen.

Recuerda

UN MENSAJE ENVIADO no siempre significa que el mensaje se haya recibido.

Cuando estaba casada con Max, sabía que el único momento en que podía hablar con él era mientras mi marido conducía. Pocas veces manteníamos contacto visual y le costaba captar las señales visuales por su síndrome de Asperger. Por eso, al margen de lo que le presentara de forma visual, tonal o emocional, solía quedarme sintiendo que no me había escuchado. La cuestión es recordar que, si tu interlocutor no recibe tu mensaje, tal vez significa que aún no ha llegado el momento de ofrecérselo. Procura, además, no tomártelo a pecho o te sacará de quicio.

Pídele al Universo que te recuerde tu poder para comunicarte:

30: Consciente – 60: Guiado – 89: Servicial

 IMPACTADO

LOS PERTURBADORES EFECTOS de un incidente impactante se pueden manifestar en toda una gama de distintas formas.

Recuerda

CONSERVA LA CALMA y sé bueno contigo mismo. En esos momentos te conviene mimar al máximo tu sistema nervioso central.

Una de mis primeras experiencias impactantes me ocurrió un sábado por la mañana a los dieciséis años. Mis padres nos llamaron a mi hermana y a mí para «charlar un poco» con nosotras.

«¿Está mamá embarazada? ¿Os vais a divorciar? ¿Nos vamos a mudar a otra parte?»

Siempre había creído que yo era el primer hijo que mi madre había tenido a los 25 años. Pero, para mi gran sorpresa, ¡estaba equivocada! Por lo visto, tenía dos hermanastros. Mi madre los había dado en adopción y ahora estaba intentando encontrarlos y conectar de nuevo con ellos. Mis padres habían procurado toda la vida protegerme guardando este gran secreto. Me sentí engañada. Indefensa. Impactada. Después de esta conversación, mi mundo entero cambió.

El impacto emocional se fue transformando con el tiempo en aceptación. La aceptación es una serie de poderosos pasos que nos permiten superar las noticias que nos cambian la vida con una mentalidad abierta.

Prueba la siguiente meditación si estás impactado por alguna noticia que acabas de descubrir o de recibir, o conmocionado por una experiencia espantosa:

Querido Universo

Confío en que mi primera reacción se transformará en fe muy pronto y en que volveré a sentirme bien. Gracias por apoyarme, amarme incondicionalmente y estar presente en mi vida en este momento en que lo necesito.
Que así sea, así es.

24: Calmado – 1: A salvo – 28: Confiado

IMPERFECTO

TRAS PERDER A mi primer bebé a las dieciséis semanas de gestación, me quedé en los huesos. Pero me llevé una gran sorpresa al descubrir que volvía a estar embarazada a las ocho semanas. El médico me dijo que si engordaba varios kilos mi hijo tendría más oportunidades de llegar a nacer. A la hora de desayunar, cuando Max se iba a trabajar, bajaba a la tienda a comprar comida para darme un atracón. Tres cucuruchos de helado de chocolate, una bolsa grande de patatas fritas, caramelos, más helados… ¡y la lista seguía!

No solo comía para ganar peso, sino también para manejar y reprimir mis emociones. Cuando traje al mundo a mi precioso hijo, ¡había engordado 31 kilos! Fue debido a una combinación de estrés, tristeza y azúcar y a la manifestación de la vergüenza por seguir en una relación abusiva y traer a un hijo a esta dinámica familiar.

Mi cuerpo de una chica de 21 años ya no tenía nada que ver con el de la adolescente sin preocupaciones que era no hacía mucho. También sufrí una separación de los músculos rectos del estómago causada por el sobrepeso. Mi barriga parecía una bolsa de papel arrugada o un globo deshinchado. ¡Me sentía muy imperfecta! En aquella época no tenía idea de que esta imperfección venía de algo increíblemente hermoso.

Recuerda

TEN PRESENTE QUE aceptarte tal como eres es muy poderoso. Las imperfecciones son oportunidades para recordar tu singular grandeza.

Por ejemplo, el *kintsukuroi* («reparación de oro») es el arte japonés de arreglar las piezas rotas de cerámica mediante una técnica con barniz de resina en la que se rellenan las grietas de oro o plata.

El significado filosófico del *kintsukuroi* es que al arreglar las imperfecciones, estas acaban formando parte del diseño del objeto. Se considera que una pieza de cerámica reparada con esta técnica es incluso más preciada, valiosa y bella que antes.

Medita sobre tus llamados defectos e imperfecciones y procura ir más allá de la ilusión de perfección…

Querido Universo

Ahora me acepto plenamente tal como soy, en cuerpo, en mente y en espíritu.
Haz que las grietas de mi conciencia se rellenen de luz dorada y plateada.
Me enorgullezco enormemente de quien soy hoy y agradezco de todo
corazón esta maravillosa experiencia vital.
Que así sea, así es.

42: Empoderado – 84: Reverente – 75: Pleno

IMPOTENTE

MI PADRE APENAS podía hablar. Noté que le costaba respirar. «Estoy en el hospital. Tengo una pulmonía.»

No hay nada que te haga sentir más impotente que cuando un ser querido está a las puertas de la muerte y tú te encuentras en la otra punta del mundo. Calculé que tardaría como mínimo 30 horas en volar de Las Vegas a Australia, todo había sido muy repentino. Según las enfermeras, al cabo de tres horas lo conectarían a una máquina de apoyo vital. A los setenta años, la perspectiva era bastante desalentadora.

Afronté la realista posibilidad de no poder despedirme de mi padre. Cuando te sientes impotente, lo único que puedes hacer es abandonarte al momento presente y avanzar paso a paso. Dirigí mi energía para enviarle amor a mi padre. Me asustaba lo que pudiera pasarle, pero seguí visualizándolo en mi mente totalmente recuperado. ¡Por suerte, mis oraciones fueron escuchadas y superó la situación! Estuvo un mes entero en el hospital y le diagnosticaron una enfermedad pulmonar. Milagrosamente, aquel año pudo venir a Las Vegas para conocer a mi hija Ava. Atesoramos cada momento como una celebración de la plenitud de la vida. Ahora sé que volveré a enfrentarme un día a sentimientos de impotencia y no hay nada que pueda hacer para evitarlo.

Recuerda

PUEDES ELEGIR CÓMO ves una determinada situación y cómo manejas tu energía.

Tienes el poder de gestionar tus emociones a cada momento y de celebrar la belleza y la fragilidad de la vida.

Querido Universo

Te entrego estos sentimientos de impotencia para confiar
en que todo está ocurriendo como debe ocurrir.
Que así sea, así es.

24: Calmado – 56: Fluyente – 57: Fuerte

INCOMPRENDIDO

UNA DE LAS experiencias más duras es ser un incomprendido. Ver, oír o presenciar a alguien expresando una percepción falsa de quien eres puede hacerte sufrir lo indecible.

El sentimiento de incomprensión se ha disparado desde la aparición de las redes sociales. El acoso virtual y el ciberacoso son elementos muy reales. Hay adolescentes que se han suicidado por la terrible presión de los troles virtuales. Yo también he recibido mi propia ración de comentarios, suposiciones y juicios desagradables al ser alguien con una presencia muy visible en Internet.

Recuerda

NO DEJES QUE los demás te afecten. Sabes quién eres y dónde has puesto tu corazón.

Cuando sentimos que la gente no nos entiende, intentamos demostrar lo que somos o ganarnos la aprobación de los demás. Pero no nos sirve de nada. Es una pérdida de energía.

Recordar que lo que los demás piensen de ti no es asunto tuyo te hará la vida mucho más agradable. Mi maestro de meditación solía decir: «Critícame todo lo que te apetezca, llévate mi karma».

No estoy segura de cómo funciona esto exactamente, pero lo que sí sé es que recibimos de vuelta la energía que enviamos.

Cuando sientas que los demás no te están percibiendo cómo eres realmente, pídele al Universo que te recuerde tu verdad...

Querido Universo

Ayúdame a desprenderme de las suposiciones y los juicios injustos de los demás. Sé dónde he puesto el corazón. Llevo una vida auténtica e íntegra. Envío ahora la energía para resolver esta situación y tener así el espacio para sentirme escuchado.
Que así sea, así es.

4: Adorado – 99: Visto – 17: Apoyado

53 INDEFENSO

> «Cuando ya no somos capaces de cambiar una situación,
> nos encontramos ante el desafío de cambiarnos a nosotros mismos.»
> —VIKTOR E. FRANKL

MUCHAS PERSONAS SE sienten indefensas, lo cual a veces puede ser la temática de toda una vida. Si te sientes así, El Universo quiere que seas consciente de tu poder. Eres un ser poderosísimo. Con solo echar un vistazo al pasado descubrirás cuándo renunciaste a tu poder y a quién se lo entregaste. Dedica un rato a llevar un diario, escribe sobre posibles experiencias o épocas en las que sentiste que no tenías ningún control sobre tu vida o que no podías expresar tu opinión, o cuando te pareció ser alguien invisible.

Recuerda

PUEDES RECLAMAR TU poder y acceder a él cuando lo necesites. Confía simplemente en que está a tu alcance, siempre.

Muchos niños se sienten indefensos al oír a sus padres enzarzarse en escaramuzas verbales. Cuando tenemos problemas de salud también podemos sentirnos indefensos. O, cuando la vida no nos ofrece el suficiente dinero para cubrir los gastos de nuestro estilo de vida, la indefensión puede mostrarnos su espantosa cabeza. Lo importante que debes grabarte en el subconsciente es recuperar tu poder.

Eres una prolongación del poderosísimo fluir energético del Universo. ¡Esta energía fluye a través de ti! Es como si fueras un superhéroe y te hubieras olvidado de tus poderes. La vida solo se revelará y creará experiencias nuevas y excitantes para ti si recuperas tu poder lo suficiente como para recibir sus regalos. Despréndete de tu vieja versión de ti. Muda de piel como una serpiente y visualiza cómo es tu atuendo de superhéroe. ¿Llevas una capa? ¿Una combinación de colores? ¿Una corona? ¿Tienes un poder mágico? Visualiza este personaje en ti, ayudándote a reunir el valor para superar cualquier momento en el que te sientas indefenso.

Soy poderoso. Soy fuerte. Soy valiente. Estoy sumamente agradecido por la oportunidad de actuar en la vida con mis virtudes y mis superpoderes. He dejado atrás mi pasado y ahora soy compasivo, indómito y fuerte.
Que así sea, así es.

42: Empoderado – 76: Poderoso – 57: Fuerte

54 INDIFERENTE

JUDITH Y ROSS llevaban casados cerca de 34 años. Al principio de su relación estaban enamoradísimos. Pero con el paso de los años cada uno empezó a vivir en su propio mundo. Cayeron en la segura monotonía de sus vidas diarias. No hablaban de cómo se sentían. A decir verdad, apenas conversaban.

«¿Qué hay para cenar?»

«¿Has sacado la basura?»

Era un nivel muy básico de conexión. Judith se entretenía haciendo sudokus o leyendo novelas románticas. Ross miraba partidos de fútbol por la tele y bebía cerveza con los pies apoyados en un taburete, mientras esperaba la cena.

Ambos vivían su relación de pareja con indiferencia, sin valorar la presencia del otro. Era como si esperaran que un día les ocurriera algo excitante.

Recuerda

SI ALGO TE produce indiferencia y no tomas una decisión, a veces El Universo la tomará por ti. No te quedes de brazos cruzados, esperando sentirte vivo con una experiencia fantástica, porque eres tú el que tiene que crearla.

A Ross le diagnosticaron un cáncer pancreático y le pronosticaron cuatro meses de vida. A las dos semanas de enterarse de la triste noticia, Judith sufrió un derrame cerebral y tuvieron que conectarla a una máquina de soporte vital. Ross pasó el resto de su vida deseando haber vivido con su pareja de otra forma.

Querido Universo

Ayúdame a recordar que la vida no es un ensayo general y que mis decisiones moldean mis experiencias. Mi sentido de propósito y de aprecio se refleja en la vida que llevo. Guíame y haz que sea consciente de mi poder.
Que así sea, así es.

9: Alineado – 69: Lúcido – 16: Apasionado

INDIGNADO

¿ESTÁS INDIGNADO, VERDAD? Conoces la sensación. La sangre está a punto de hervirte pues alguien no se comportó como esperabas, o las cosas no te salieron como planeabas. Ha llegado el momento de sacar fuera la indignación y soltarla.

Recuerda

NO TE SENTIRÁS empoderado si estás furioso.

Si no manejas bien tu ira, se puede manifestar de formas muy desagradables. En mi opinión, una depresión no es más que ira contenida sin afrontar o procesar. Por eso es tan importante cambiar tu centro de atención y fijarte en las cosas, las personas, los lugares y las experiencias que te alegran la vida. ¡Supéralo!

Sentir la energía de la ira es una oportunidad para elegir de nuevo, coger otra carta, ir a por todas y ganar la partida. Si algo te saca de quicio, agradécele al Universo la invitación para superar la experiencia. Es mucho más fácil decirlo que hacerlo, pero en cuanto aprendes a perdonar con mayor rapidez, desbloqueas tu campo energético para recibir más manifestaciones maravillosas en tu vida.

Aquí tienes dos poderosas preguntas para plantearte:

• ¿Qué precio pagarás por aferrarte a tu ira?

• ¿Es un buen momento para dejarla ir?

En cuanto te sientas preparado, haz esta meditación para soltar tu ira y liberarte del sufrimiento que te causa:

Querido Universo

Confío en que la lección de esta experiencia se me revela en el momento divino perfecto. Ayúdame a liberarme ahora de cualquier sentimiento de ira, negatividad y pesadez para que recupere el estado de paz, presencia y alegría.

Que así sea, así es.

25: Compasivo – 63: Indulgente – 74: Pacífico

56 · INEPTO

SI CREES NO valer para nada, ten presente que El Universo te está llamando para que superes ese sentimiento y seas útil a los demás. Echar una mano a alguien es la mejor forma de aumentar tu autoestima y manifestar la magia de la colaboración. La fuerza vital de la humanidad se basa en arrimar el hombro.

Recuerda

LA SENSACIÓN DE inutilidad es el recordatorio sagrado de que puedes hacer realidad lo que te dicte tu corazón, ya que eres un ser humano único e increíble.

Puede que haya momentos en los que caigas en la ilusión de no tener nada para dar, ninguna razón para vivir, y de no desempeñar papel alguno en esta vida. ¡Pero no es cierto! A cada persona que habita en este planeta le ha sido asignada una misión sagrada. Tu cometido es dedicarte a lo que te apasiona en la vida y descubrir tu propio camino de la libertad, que solo tú puedes tomar.

Querido Universo

Indícame cómo puedo serles útil a los demás. Mi buena disposición me recuerda que soy un miembro valioso y querido de mi comunidad y del círculo de mi gente. Ayúdame a estar a la altura de la tarea sagrada que me han asignado en la Tierra.

Que así sea, así es.

9: Alineado – 58: Generoso – 94: Único

INFELIZ

«No enfrentarse a la realidad directamente
es lo que les causa infelicidad a los seres humanos.»
—EL BUDA

SI NO ERES feliz, hazte esta poderosa pregunta:

«¿Qué es lo que mi alma necesita en este momento?»

Hay millones de personas que necesitan ser más felices en su vida cotidiana. La fabulosa noticia es que, si procuras ser feliz con los pequeños placeres del día a día, todos esos momentos se hilvanarán y crearán una vida maravillosa que te satisfará.

Recuerda

TU VIDA MEJORARÁ cuando te hagas responsable de tu propia felicidad. Ser feliz no depende de los demás, sino de ti.

Si no eres feliz, haz que sentirte más contento en la vida sea tu misión principal. Una práctica diaria de gratitud también transformará radicalmente tu realidad. Escribe en tu diario tres cosas por las que te sientas agradecido cada día y observa la magia manifestándose en tu vida.

Buena parte de cuando era veinteañera me la pasé siendo muy desdichada. Pero un día decidí empezar a apreciar incluso las cosas más insignificantes de la vida. De pronto, me descubrí pensando: «¡Qué feliz soy ahora!» Esta práctica, por más sencilla que sea, genera una tremenda libertad emocional.

Por ejemplo, si estás descontento por el mal servicio de un restaurante, disgustado porque tu pareja no te ha regalado nada en vuestro aniversario o molesto porque alguien se comió el último dónut de la caja, detente en esos momentos de contrariedad y remodela tu realidad con tus sentimientos. Elige sabiamente tus batallas. Cuando te sientes infeliz le estás mandando al Universo una potente señal para que te envíe más cosas por las que sentirte desgraciado. Si puedes evitar que tu desdicha aumente, habrás triunfado en la búsqueda de la felicidad.

Querido Universo

Revélame el exquisito continuo de la felicidad que siempre tengo a mi alcance
cuando desee recordarlo. Ayúdame a recordar en mi mente, como si fuera
un pase de diapositivas, los momentos más felices de mi vida,
y haz que me recuerden que puedo elegir gestionar mis sentimientos
en cada momento maravilloso de mi existencia.
Que así sea, así es.

85: Satisfecho – 52: Feliz – 88: Sereno

58 INQUIETO

¿TE INQUIETA ALGUIEN o algo? Sentirte inquieto de vez en cuando es muy normal mientras no te inmiscuyas en la vida de nadie. A veces puedes expresar tu inquietud sobre la conducta de otra persona. Quizá consuma demasiado alcohol, o no haga suficiente ejercicio, o no busque la ayuda que crees que necesita.

Lo más probable es que tu inquietud se base en tu propia serie de normas, creencias y valores. Sin embargo, si te inquieta o angustia realmente el bienestar de otra persona, tu deber es ofrecerle ayuda y apoyo cuando sea adecuado.

Recuerda

EL UNIVERSO TE está revelando constantemente con señales cómo puedes echarle una mano a los demás. El secreto está en ofrecer tu apoyo sin juzgar a nadie. Esta es la auténtica compasión.

No olvides además que no debes meterte en lo que no te incumbe.

Querido Universo

Ayúdame a confiar en que todo va bien y que las cosas están ocurriendo como tienen que ocurrir. Ahora ya no necesito controlar a los demás y creo en sus propias trayectorias vitales. Haz que mi inquietud se transforme en fe.
Que así sea, así es.

86: Seguro de mí mismo – 12: Amable – 2: Abierto

MARGOT, UNA MUJER de 45 años, podía comer siete platos en un bufé, pero nunca se sentía satisfecha. Una de sus aficiones era escribir comentarios negativos en Yelp sobre los restaurantes que visitaba. También solía dar solo una estrella en los comentarios de Amazon y de iTunes, y en cualquier otra parte donde se le permitiera expresar su descontento. En Facebook, la cara enojada era su emoticón preferido.

Recuerda

SI ESTÁS SIEMPRE quejándote sobre lo que aparece en tu realidad, El Universo te mandará más de lo mismo.

La verdad sobre Margot es una historia muy triste. Es la misma historia que he oído contar miles de veces a alumnos míos de todo el mundo que manifiestan sus deseos en sus vidas. Su madre la maltrataba de niña y le decía que como persona dejaba mucho que desear. Por eso Margot no creía merecerse estar alegre ni satisfecha. Era un patrón mental que había adquirido desde la temprana infancia. Nunca daría la talla.

Pero un día decidió superar el sufrimiento que arrastraba. ¡Liberarse del peso de sus creencias relacionadas con el perfeccionismo le permitió perder 20 kilos! Después permitió que su alma gemela se manifestara. Dejó de escribir comentarios negativos en Internet y decidió cambiar de chip y fijarse en aquello sobre lo que se sentía agradecida en la vida.

Lo cierto es que cuando te sientes insatisfecho la parte más elevada de tu ser te está llamando para que te sientas valioso y aceptes la realidad tal como es. Es en ese momento cuando la magia aparece en tu vida y empiezas a aprovecharla...

Querido Universo

Haz que agradezca todo cuanto se presente en mi realidad. Ayúdame a llenar ahora mi corazón con la energía de la alegría, el amor, las risas y la luz para que me sienta satisfecho y tranquilo en este momento.

Que así sea, así es.

43: Encantado – 31: Contento – 96: Valioso

INSEGURO

SI TE SIENTES inseguro es por estar comparándote con alguien.

Recuerda

LAS COMPARACIONES TE roban la alegría.

O quizá lo que te ocurre es que no crees valer lo bastante. Sé que si me paseara por la playa en bikini me sentiría horrible y tremendamente insegura. No es algo nuevo. Me he estado sintiendo así mucho antes de haber traído al mundo a mis cuatro hijos. Siempre me ha preocupado demasiado lo que piensan los demás de mí y cómo me ven. Este problema me ha deformado mi sentido del yo. Me ha llevado mucho tiempo ver de dónde me venían mis complejos.

Me sentía insegura pesando tanto 45 kilos como 90. Era un problema de autoestima.

La inseguridad funciona por capas y niveles. Aunque no me sintiera del todo cómoda paseando en bikini por la playa, me sentía lo bastante segura de mí misma como para subirme a un escenario y dar una charla. También he llegado a un punto de mi vida en el que he descubierto que no tengo nada que demostrarle a nadie. No busco la aprobación de los demás. La única aprobación que necesito es la mía. Sea como sea tu cuerpo, ganes lo que ganes, tengas la pareja que tengas o sea cual sea la imperfección percibida o la autocrítica susurrada en tu mente, acepta que eres un ser único. Es la forma más rápida de superar la inseguridad. Y si por casualidad me ves paseando en bikini por alguna playa, me puedes felicitar con toda libertad.

Querido Universo

Doy la talla, soy valioso. Soy perfecto tal como soy en este momento. Cuando me olvide de mi singularidad, envíame una señal para que recuerde mi propia grandeza.
Que así sea, así es.

86: Seguro de mí mismo – 68: Libre – 37: Desinhibido

INSENSIBILIZADO

GUARDABA ESCONDIDA UNA botella de vodka de cereza en el armario ropero que había junto al dormitorio. Por la noche, antes de acostarme, me tomaba en secreto tres tragos. Era para insensibilizarme de la monotonía de practicar sexo con Max, mi marido. No quería sentir nada, sabía que él no me tenía en cuenta ni me valoraba. O al menos, intentaba pasar desapercibida por mi tremendo sufrimiento emocional. Durante el acto sexual, me sentía como si yo no estuviera allí. Era tan desgraciada que no tenía ganas de hacerlo con él la mayor parte del tiempo. Max y yo estábamos totalmente desconectados el uno del otro y esto no era bueno para ninguno de los dos. Cuando se crea este ciclo en una relación de pareja, es como una bruma espesa que nunca se despeja, hasta que te das cuenta de que tienes el poder de cambiar la situación.

Recuerda

CUANDO TE SIENTES insensibilizado, te separas y desconectas del presente y del fluir del Universo.

Si ahora te sientes así, significa que El Universo te está rogando que despiertes y aspires el aroma de las rosas. Este mundo está lleno de cosas hermosas y maravillosas. Podemos elegir cómo actuamos a cada momento, y si no es posible, tenemos que desmantelar la realidad y volver a elegir.

Hagas lo que hagas, no elijas una conducta autodestructiva para sentirte vivo de nuevo. Lesionarte no te ayudará a expresar tus emociones. Como ser sensible que eres, te mereces sentir. Es esencial para llevar una vida saludable. Nuestra forma de sentir es lo que crea el entramado de nuestra realidad. La insensibilidad es síntoma de estar desconectados de la Unidad. Si es esto lo que crees que te ocurre, sé bueno contigo mismo. Usa también este sentimiento para motivarte a elegir un camino distinto si te es posible.

Para volver a sentir en la vida, haz una lista de cosas que puedas hacer hoy para quererte al máximo y pídele luego lo siguiente al Universo:

Haz que vuelva a sentir el poder y la belleza del momento presente.
Me alejo ahora de las situaciones, las personas y los lugares que no avivan
el esplendor de la fuerza vital que hay en mí. Ayúdame a que mis emociones
encuentren el espacio sagrado que necesitan para que las exprese de verdad.
Que así sea, así es.

9: Alineado – 44: Energizado – 17: Apoyado

62 INÚTIL

LA RELACIÓN QUE tenemos con la comida y la que mantenemos con nuestro sentido del yo están muy ligadas. Incluso existen algunas escuelas de pensamiento que creen que nuestra conexión con la comida es nuestra conexión con El Universo. Tu sensación de valía personal tiene mucho que ver con tu forma de alimentarte. Cuando crees no valer nada, tiendes a sabotear tus intentos para curarte por dentro. Este es el origen de las adicciones y de una tremenda agitación emocional.

«¡Quien va a quererte con esos horribles michelines en la cintura! Estás gorda. Eres fea. Eres una vieja.»

Max me decía esto cuando nos peleábamos. Yo tenía 23 años y pesaba 52 kilos. Me sentía una inútil. A pesar de cocinar, limpiar la casa y ocuparme de nuestros hijos, mi marido me espetaba que era una inútil. Yo solía decir en broma que, si me quemara a lo bonzo delante de sus narices, Max ni siquiera se daría cuenta.

Mi sensación de inutilidad se manifestaba como un trastorno alimentario. Comía, después me inducía el vómito para arrojar la comida y le mentía a mi esposo diciendo que aún no había comido. Darme atracones y arrojar la comida era la única actividad que me hacía sentir que llevaba las riendas de mi vida. Mi sensación de no valer nada me empujaba a lastimarme cuando nadie me veía. Después de todo, no tenía ningún espacio para pedir que mis necesidades fueran satisfechas. Mi propio estado empeoró la humillación del ciclo de maltratos.

Esta energía interior destructiva aún aparece de vez en cuando. Algunas experiencias pueden desatar la tormenta perfecta para que afloren antiguos patrones de creer que no vales nada. El secreto está en advertirlos, y en alejarte de la ilusión de no valer lo bastante.

ERES UN SER valioso. El Universo te eligió para estar aquí.
Medita sobre lo siguiente:

> ## Querido Universo
>
> Dame la claridad para superar la ilusión de no valer lo bastante.
> Empodérame para que recuerde que puedo alcanzar todo
> lo que mi corazón desee.
> **Que así sea, así es.**

42: Empoderado – 60: Guiado – 96: Valioso

63 INVISIBLE

MAX SE OCUPABA de un centro de meditación. Yo tenía por aquel entonces 20 años y él 32. Al terminar las sesiones en grupo por la noche, me quedaba en el centro por si Max quería que pasara la noche con él. Llevábamos saliendo siete meses y yo era aún muy ingenua y esperaba pacientemente que nuestro romance se pusiera interesante. Era como mirar una película que no llevaba a ninguna parte, pese a saber que estaba a punto de acabar y que había estado perdiendo el tiempo.

Una noche, mientras Max lavaba las espinacas en la pileta de la cocina, de espaldas a mí, me preguntó simplemente:

«¿Y si nos casamos?» Siempre ha sido parco en palabras.

No fue exactamente una versión de la propuesta de matrimonio de una princesa de Disney que yo tenía en mente.

«¡Sí!», respondí sonriendo de oreja a oreja.

Incluso después de siete meses, mi autoestima era más bien escasa. Supuse absurdamente que su propuesta era la señal de que Max estaba listo para salir de su cascarón de una vez por todas.

Lo más extraño es que no me miró cuando me lo propuso. No me miró a los ojos ni me vio el alma. ¡Estaba lavando las espinacas en la pileta! Después de preparar la cena, se puso a construir un avión en miniatura con madera de balsa. Yo le observé sentada. ¡No puedes comportarte así! Me sentí como si fuera invisible. ¿Te imaginas cómo te afecta esto en la psique? ¿Cómo va minando la confianza en ti con el paso del tiempo?

Recuerda

SI TE SIENTES invisible en cualquier área de tu vida y lo permites, busca un espejo, contempla tus bonitos ojos, y di: «TE VEO».

Trabaja con El Universo para atraer a personas que vean realmente el alma magnífica que eres. Medita sobre lo siguiente:

Querido Universo

Me merezco que me vean. Empodera mi espíritu con la intención de la visibilidad para que brille con luz propia y conecte con los demás a un verdadero nivel que me alimente el alma.
Que así sea, así es.

99: Visto – 98: Visible – 96: Valioso

IRRITADO

LA IRRITACIÓN ES tremendamente frustrante. Si estás molesto por buena parte de lo que te rodea, la situación te puede acabar sacando de tus casillas. Lo que a mí más me desquicia es ir un viernes por la noche a ver una película de terror. Durante las escenas más espantosas, los adolescentes chillan de golpe y luego se echan a reír y se ponen a charlar sobre ello. A estas alturas, ya me estoy empezando a irritar. De pronto, detecto en medio de la oscuridad luces de pantallitas de espectadores consultando el móvil y no puedo concentrarme en la película. Cuando mi grado de irritación ya está por las nubes, los crujidos de la gente masticando y comiendo palomitas me sacan de tino y noto que voy a estallar. Entonces fantaseo con que les digo que se larguen del cine como la insufrible directora de un colegio.

Recuerda

EL SECRETO PARA no irritarte es identificar lo que te saca de quicio. Haz una pausa, respira hondo y recuerda que, cuanto más alimentes tu frustración, más grande será en tu realidad.

La irritación es tu alma suplicándote que te fijes en lo irónico de la situación. Bebés llorando en aviones o en restaurantes, locales que tardan siglos en servirte la comida, colas que avanzan a paso de tortuga y atascos que no se acaban nunca son ejemplos fantásticos de las tareas sagradas que te asigna El Universo para que cultives el estar presente y la paciencia. Aunque del dicho al hecho hay un buen trecho.

Querido Universo

Haz que mantenga la calma en el ojo del huracán. Estoy dispuesto a respirar hondo y a no empeorar más aún la situación. Ayúdame a relajar mi mente y mi cuerpo para poder estar totalmente presente en este momento.
Que así sea, así es.

24: Calmado – 8: Alegre – 83: Relajado

JUZGADO

SENTIR QUE TE han juzgado injustamente es horrible. La mayoría queremos caerles bien a los demás y que se guarden para ellos sus pensamientos negativos. Cuando decides ser una figura pública, o si vendes un producto en Internet, o aunque solo tengas una cuenta en eBay o subas fotos en las redes sociales, te estás exponiendo a que te juzguen. La verdad sea dicha, muchas personas deciden no compartir sus talentos por miedo a ser juzgadas.

Cuando te juzgan injustamente se te encoge el corazón y, según cómo decidas manejar tu energía, dejas que la situación te machaque o decides verla tal como es. Debido a mi trabajo, aunque me conozcan millones de personas de todo el mundo, por suerte solo han escrito un par de comentarios «desagradables» sobre mí. Al principio me afectaban mucho, quería caerle bien a todo el mundo. Pero al cabo de un tiempo, vi que los que me juzgaban sin cortarse un pelo estaban aireando en realidad sus propias proyecciones y aspectos suyos que aún no habían asumido.

Recuerda

LO QUE LOS demás piensen de ti no es asunto tuyo.

La próxima vez que creas que alguien tiene una idea equivocada de ti o que te están juzgando injustamente, tómate el tiempo para sintonizar con la verdad. La opinión de alguien no puede definir quién eres ni tampoco lo hará nunca.

Querido Universo

Envío amor y compasión a los que me juzgan. Me niego a aferrarme a la energía que no me sirve para nada. Te entrego mis suposiciones, mis inseguridades y mis preocupaciones para ser libre.
Que así sea, así es.

55: Firme – 80: Protegido – 17: Apoyado

MALHUMORADO

EL RUIDO QUE hace tu pareja al masticar la comida te parece cinco veces más fuerte y molesto de lo acostumbrado. Tus hijos normalmente se portan bien, pero ahora te están poniendo la cabeza como un bombo hasta el punto de querer esconderte en el vestidor y comerte un helado a solas. Incluso es posible que te descubras siendo brusco con alguien o levantándole la voz sin darte cuenta. ¡Son historias tan reales como la vida misma! Llevo muchos años cabalgando la fastidiosa ola del mal humor.

El mal humor se puede apoderar de ti en el momento menos deseado o esperado. Es la tormenta perfecta para sacarte de quicio por cualquier tontería y hacerte estallar.

Tanto si es por culpa de las hormonas como del cansancio, de una provocación o del hambre (estás irritado por estar famélico), puedes hacer varias cosas para ponerle remedio a tu inestabilidad emocional.

Recuerda

TIENES QUE DETERMINAR si necesitas cambiar tu estado de ánimo. Si te sientes bien en tu malhumorado estado, deja con suavidad que se manifieste en tu vida cotidiana siempre y cuando no afecte a los demás.

Los cambios de ánimo son lo peor para los tuyos. Sé consciente de ello. Prueba técnicas de visualización, úsalas en tu vida cotidiana y afirma que eres una persona tranquila, sosegada y serena.

Querido Universo

Ayúdame a fluir con la energía de mantenerme centrado y sereno de mi interior. Haz que deje de necesitar controlar las circunstancias y a los que me rodean. Muéstrame cómo puedo mantener la calma, estar presente y agradecer este momento.
Que así sea, así es.

47: Equilibrado – 83: Relajado – 19: Aquietado

67 MANÍACO

EN PSICOLOGÍA, LOS episodios maníacos se refieren a un estado anormal de gran excitación e hiperactividad. Este tipo de episodios tienen que ver con distintas clases de agitación. Cuando se manifiestan pueden caer en la categoría de trastorno mental, en drogadicción o incluso en la de un elevado nivel de estrés. Si sufres este tipo de episodios, ten en cuenta que no eres el único y que todo se arreglará.

A principios de 2009 yo era el único miembro de la familia que tenía coche. La cita para la clínica de rehabilitación era a las 8 de la mañana. Iba a ir a casa de mi padre a recoger a mi hermana; por fin había aceptado internarse en un centro para recibir tratamiento. Tuve que llevarme conmigo a Olivia, mi hija, que en aquella época tenía tres años, para no dejarla sola.

Al llegar a casa de mi padre, me lo encontré sentado a horcajadas encima de mi hermana, inmovilizándola, ella estaba amenazándolo con un cuchillo de trinchar. La tenía sujeta por las muñecas para que no se lo clavara. En cuanto Olivia y yo entramos, fingieron que no pasaba nada, pese a estar los dos en el suelo en una extraña postura.

«¿Son bombones, abuelo?», preguntó Olivia.

«Sí, cariño, son para ti.»

Olivia cogió la bolsa de bombones y se sentó afuera, en el porche, para comérselos. Gracias a las golosinas, no se dio cuenta de la situación.

Mi hermana estaba sufriendo un episodio maníaco en ese momento. Era una situación terrorífica. Deseaba lastimar a otros o hacerse daño a sí misma. Aquella tarde la admitieron en un psiquiátrico, pero a las pocas horas se escapó, volvió a casa e hizo como si no hubiera pasado nada.

Un episodio maníaco es cuando respondemos a la gente y a las experiencias de una forma anormalmente desmesurada. Muchas almas sensibles tienden a sufrir este tipo de episodios.

Recuerda

SI ALGUNA VEZ tienes un episodio maníaco, busca ayuda enseguida. Hay profesionales que pueden ayudarte a superar la experiencia.

Y si ya te las has tenido que ver con uno, sintoniza con la energía del Universo para que te guíe en esos momentos...

Querido Universo

Ayúdame a tomar una bocanada de aire y a retener la respiración.
Al exhalar, libero la tensión y la energía que siento en este momento.
Dame la fuerza para hacer una pausa, detenerme y buscar apoyo.
Me aman y todo está bien.
Que así sea, así es.

47: Equilibrado – 74: Pacífico – 17: Apoyado

68 MANIPULADOR

SI RECONOCES QUE eres una persona manipuladora, ¡enhorabuena! Estás a punto de crear una poderosa transformación en tu mente. Los actos manipuladores son en esencia y a nivel energético injustos y crueles.

Recuerda

SIEMPRE RECIBIRÁS DE vuelta la energía que envías.

Como le ocurrió, por ejemplo, a April. A punto de cumplir los 40 estaba desesperada por ser madre. Su reloj biológico hacía tanto ruido que le daba igual quién fuera el padre, solo quería tener un hijo antes de que fuera demasiado tarde.

April solía asistir a conferencias de negocios en la compañía para la que trabajaba. Por las noches, mientras le daba al tequila en el bar, se dedicaba a ampliar su red de contactos laborales. Y como estaba soltera, acababa acostándose con algún caballero. Siempre llevaba en el bolso un pequeño surtido de condones. Y antes de cada encuentro, los agujereaba con una aguja finísima sin sacarlos del envoltorio con la esperanza de quedarse embarazada.

Sus intenciones no solo eran peligrosas, sino, además, manipuladoras. Hay un banquero de inversiones por ahí que no sabe que tiene dos gemelos de siete años, ambos con grandes problemas de aprendizaje, que generan facturas médicas estratosféricas a las que una madre soltera tiene que hacer frente con el dinero de la ayuda social.

Si planeas algún acto manipulador, sácatelo de la cabeza por tu propio bien y pídele al Universo que redirija tu energía para elegir un camino mejor:

Querido Universo

Soy sincero y transparente. Tomo decisiones basadas en la integridad
y sé cómo les afectan mis decisiones y mis actos a los demás.
Ayúdame a perdonarme y a dejar atrás el pasado,
y haz que deje de querer controlar a la gente.
Que así sea, así es.

43: Encantado – 42: Empoderado – 2: Abierto

MIEDOSO

SI TIENES MIEDO, imagínate que estás a salvo en un lugar seguro. Eres mucho más fuerte de lo que crees y superarás esta etapa de tu vida. Cuando estás asustado, El Universo te está llamando la atención para que superes la situación y seas valiente. Tu alma te está invitando a dirigirte con energía hacia tu mayor potencial.

El propósito divino del miedo es animarte a salir de tu zona de confort. Cualquier cosa mágica y milagrosa que acaezca en tu vida se manifestará cuando le plantes cara al miedo. Por eso a todos nos asustan tantas cosas diferentes en la vida. Nos da miedo hablar en público, las alturas, la muerte, el dolor, los cocodrilos agazapados debajo de la cama, las arañas, las pérdidas y, sobre todo, la incertidumbre. Nos asusta perder el control. Nos intimida que el futuro nos tenga reservado un cúmulo de sorpresas indeseadas y hostiles. Tememos que, si dejamos nuestra zona de comodidad, nos pueda pasar algo malo.

Recuerda

ERES UNA PROLONGACIÓN del poder del Universo. Puedes salir airoso de cualquier dificultad que se presente en tu vida. Sintoniza con la energía de la fortaleza y sé valiente cuando más lo necesites.

Afrontar tus miedos te liberará del peso de la preocupación, te permitirá sentirte bien pase lo que pase.

En una ocasión oí decir que una vida vivida con miedo no es más que media vida. La mayoría de las veces nuestra mente exagera las cosas y se preocupa por situaciones que aún no han ocurrido. El miedo vive en el presente cuando no confiamos en El Universo. Si cambias de actitud y decides apreciar y celebrar lo bueno de la vida y disfrutar de ello, el miedo se disolverá tan deprisa como una cucharadita de azúcar en una taza de té.

Si estás asustado, deja que El Universo te ayude a transformar tus pensamientos para recordar la oportunidad que te brinda la situación...

95: Valiente – 60: Guiado – 45: Entregado

 # MOLESTO

¿TE SIENTES EN este momento como si se te hubieran cruzado los cables? ¿Te está empezando a enervar lo que otros hacen ahora?

Cuando sientas la energía de la irritación, intenta fijarte en cómo puedes ser de utilidad en el presente y ayudar a los demás. Una de mis alumnas de mi Academia de Manifestación me escribió diciéndome que se sentía impaciente y enojada por no estar manifestando nada en su vida. Me preguntó cuál era la mejor forma de dejar de sentirse molesta por ello.

El remedio que le sugerí fue el siguiente:

Le dije que fuera a una estafeta de correos a comprar un sello a la hora punta. Su misión era esperar en la fastidiosa cola y enviarles mentalmente la energía del amor a las personas de su alrededor. En cuanto sentía la menor irritación, se fijaba en el amor que tenía para ofrecerles a los desconocidos de la oficina de correos. Al cabo de una semana, esta alumna mía advirtió que, gracias a los 45 minutos pasados en correos, ya no se enervaba ni un ápice por cualquier contrariedad. Cuando te sientas crispado, piensa en cosas por las que estar agradecido y pregúntate cuál es la parte positiva de tu experiencia actual: es lo mejor que puedes hacer. Prueba este ejercicio en la oficina de correos, en un supermercado atestado de gente o incluso mientras estás atrapado en un atasco.

Recuerda

CONSIDERA LA EXASPERACIÓN como una invitación para vivir el presente.

Libérate de tu irritabilidad, sea del grado que sea, al poner en práctica esta meditación:

Querido Universo

Me desprendo de mi irritación y me fijo en las cosas de mi alrededor
por las que sentirme agradecido. Haz que vea la irritación como una señal
para asomarme a mi interior y descubrir lo mejor del momento presente.
Que así sea, así es.

68: Libre – 78: Presente – 83: Relajado

71 MORTIFICADO

¿HAS SOÑADO ALGUNA vez que estás desnudo en un lugar público o que estás haciendo tus necesidades en un lavabo sin puertas? La esencia de la mortificación es en mi opinión esta clase de situaciones, cuando tu «privacidad» se vuelve «pública».

No me puedo creer que esté a punto de compartir la siguiente historia, pero estoy dispuesta a hacerlo para ilustrarte cómo puedes superar la desazón.

Tan solo diré que me ocurrió a los 15 años, en una salida escolar al zoo de Melbourne. Había un chico de mi clase que me gustaba, ¡pero aquel día tenía el periodo y yo llevaba unos pantalones blancos! Creo que ya te haces una idea del mal rato que pasé. Por suerte, pude esconder la catastrófica mancha de color rojo vivo atándome a la cintura el jersey que mi amigo me prestó.

Recuerda

CUANDO TE SIENTAS mortificado o abochornado por algún incidente, ríete de la situación. El sentido del humor siempre te ayudará a capearla con calma y naturalidad.

Tanto si tus padres te pillan en la cama con tu chico como si vomitas en un lugar público o entras en una lujosa tienda de ropa de diseño con una caca de perro pegada a la suela de los zapatos, no olvides que El Universo no es más que una comedia divina.

Querido Universo

Ayúdame a superar el sentimiento de mortificación ahora mismo.
Ayúdame a reírme de la situación y a tener en cuenta que un día la recordaré
como un episodio gracioso en mi vida para compartirlo con mis amigos.
Todo me irá bien.
Que así sea, así es.

NEGATIVO

SI TE DAS cuenta de que eres negativo, ¡enhorabuena!, la gran mayoría de mortales no se dan cuenta de cuándo están atrapados en la actitud de no ver más que los aspectos sombríos de la vida. ¿Ves el vaso medio lleno o medio vacío?

Cuando no haces más que ver cosas negativas y refunfuñas o las criticas, te estás apartando del fluir del Universo. En este estado es imposible atraer las cosas buenas de la vida.

Recuerda

SI LO VES todo negro, no pasa nada. No reprimas tu negatividad y deja que se manifieste en tu experiencia. Los malos días están concebidos para que los buenos nos parezcan más agradables y significativos.

La oscuridad tiene que coexistir con la luz. Es el baile constante de los polos opuestos. La diferencia está en cómo encaras la situación en tu realidad. Si no haces más que decir cosas como «A mí no me pasará nunca algo bueno», pregúntate qué puedes hacer para que tu día sea estimulante e inspirador. Puedes salir del bache de la negatividad sopesando las cosas por las que sentirte agradecido en la vida.

Y si estas sugerencias no surten efecto, haz una meditación con El Universo para pedirle que el mal humor se esfume de tu hogar...

Querido Universo

La vida está llena de cosas para agradecer. De cosas que nos hacen felices.
En mis momentos de negatividad, tristeza o frustración, ayúdame a recordar
que son en realidad una oportunidad para superarlos.
Que así sea, así es.

30: Consciente – 7: Agradecido – 52: Feliz

73   NO AMADO

SENTIR QUE NO te aman es triste, pero no es más que una ilusión. En realidad, te aman, te valoran, te aprecian y eres un ser valioso.

Recuerda

SI NO TE sientes querido, ten en cuenta que El Universo te ama y adora incondicionalmente.

Algo que la mayoría de personas no saben sobre mí es que mi primer marido y yo nos casamos en dos ocasiones. En la segunda boda estaba cubierta de moratones por los maltratos físicos y además embarazada, y nos casamos para que yo pudiera llevar el apellido de mi esposo.

Mis primeras nupcias tuvieron lugar en un retiro espiritual de meditación en Nueva Zelanda. Nos casamos rodeados de amigos, y la ceremonia la ofició Bhai Sahib Ji, mi maestro de meditación. En aquella época yo tenía 20 años y estaba entusiasmada por conectar por fin con Max a un nivel más profundo. Al grupo se le ocurrió espontáneamente la idea para formalizar nuestra unión.

Fuimos en coche a la ciudad más cercana a comprar los anillos de oro de los dos a juego. Nos engalanamos para la ocasión. Tuvimos una boda «de lo más espiritual» con el precioso murmullo del mar a nuestras espaldas. Todos nuestros amigos colaboraron para regalarnos unas vacaciones en un hotel local para celebrar nuestra luna de miel. Nos adornaron la cama con pétalos de rosa y nos dejaron una botella de champán en la habitación. Lo único que tuvimos que hacer fue celebrar nuestra unión del alma. Y, sin embargo, esperé a Max en la cama durante horas hasta que me quedé dormida. Él quería, simplemente, mirar la tele. No fue un momento romántico ni apasionado en lo más mínimo. Solo hubo la televisión. No me sentí amada, fue como si fuera invisible y yo no valiera nada. Debería habérmelo tomado como una señal de advertencia de que algo no funcionaba en nuestra relación.

A veces viajo al pasado con mi mente para enviarle amor a aquella joven de 20 años que anhelaba ser amada. Quiero recordarle que El Universo tenía un plan, y que en ese espacio en el que no se sentía amada acabó manifestándose el verdadero amor.

Me aman. Me aprecian. Sé que mi espíritu está alineado con la esencia de todo cuanto deseo. Ayúdame a tratarme como desearía que los míos me trataran.
Que así sea, así es.

18: Apreciado – 13: Amado – 96: Valioso

 # OBSESIVO

SI ESTÁS EN este momento obsesionado con algo o con alguien, la situación te está recordando suavemente que cambies tu foco de atención.

Recuerda

TU LABOR ES confiar en que El Universo satisfará tus deseos en el momento divino perfecto.

Cuando estés obsesionado con un determinado resultado, la frase clave es afirmar: «Esto o algo mejor».

Como le ocurrió, por ejemplo, a Nate. Le gustaba Avi, un compañero de trabajo. Avi se acababa de separar y Nate esperaba ansiosamente la oportunidad para concertar una cita con él, pues saltaba a la vista que había química entre ellos. Un viernes por la tarde, Nate le envió por fin un mensaje de texto y esperó pacientemente una respuesta. Esperó y esperó, consultando obsesivamente el móvil casi cada 30 segundos. Como dice el refrán: «El que espera, desespera».

La obsesión de Nate se transformó en dudas, miedo y preocupación por un posible rechazo. El domingo por la noche aún no sabía nada de Avi. Para olvidarse de la mortificante espera decidió salir a cenar con unos amigos. Se tomó unas copas y luego se fue a bailar con su amigo Stacy. Estuvieron bailando más de una hora. Al darlo todo en la pista de baile, se olvidó de Avi. ¿Te imaginas lo que ocurrió a continuación? Recibió un mensaje de texto de Avi en el que le decía que le encantaría salir con él muy pronto.

El Universo es maravilloso cuando dejamos de intentar que las cosas salgan exactamente como las hemos planeado o nos dejamos llevar (bailando) por el fluir de la vida.

Estoy listo para liberar la energía del resultado deseado.
Ayúdame a reemplazar mi obsesión por la confianza y la fe en que surgirá la situación perfecta tal como debe suceder. Confío plenamente en el proceso.
Que así sea, así es.

48: Esperanzado – 2: Abierto – 45: Entregado

PARANOICO

LA PARANOIA ES un miedo desmedido. Ser capaz de renocerla en uno y de verla en acción es una verdadera bendición. En cuanto se siembran las semillas de la paranoia, es como caer por una cuesta resbaladiza de la que no es fácil escapar. La buena noticia es que puedes, si te lo propones, asomarte más allá de la ilusión de temer lo peor.

Recuerda

EL MIEDO AL futuro es la llamada del Universo para que cultives la confianza en ti mismo y veas la situación con claridad.

Puedes sentirte paranoico por la más pequeña de las razones, como cuando te da miedo tener los dientes manchados de pintalabios, que tu hijo se muera atragantado, que un tsunami gigantesco destruya el mundo... La lista no se acaba nunca.

Tu labor es recordar que puedes elegir gestionar tu energía. Por ejemplo, hay varias versiones del «Cuento del Pollito». En una de ellas, cuando le cae una bellota sobre la cabeza se lleva un susto de muerte y cree que «el cielo se está desplomando». Y, presa del pánico, saca la paranoica conclusión de que va a perder la vida. La moraleja del cuento es que el coraje es esencial y que, cuando exageramos las cosas, la vida es una locura. Nos ha pasado a todos. Todos hemos sido catastrofistas o hemos desconfiado de personas, cosas o momentos antes de que la situación tuviera lugar. La paranoia siempre te hará entrar en una espiral negativa. Pero, cuando no dejas que vaya a más, sales airoso de la situación.

Deja que vea la verdad en mi situación actual y que no la empeore más todavía. Me desprendo de los sentimientos de paranoia y los cambio por los de confiar en que la sabiduría y la guía del Universo me están apoyando en mi viaje.
Que así sea, así es.

24: Calmado – 1: A salvo – 28: Confiado

PERDIDO

¿TE SIENTES UN poco perdido en este momento? A veces la vida nos hace dar un rodeo mágico para que descubramos lo que queremos o cómo deseamos que se manifieste en el mundo. Nos podemos sentir como si tuviéramos en nuestras manos un enmarañado barullo y nos costara una barbaridad resolver la situación.

Mi trayectoria profesional ha tomado muchos distintos rumbos a lo largo de los años. Pero lo que sí sé con certeza es que antes de cada transición me sentía perdida, como si el tren en el que viajaba hubiera descarrilado y estuviera dando vueltas en un laberinto. Empecé tres carreras distintas y las dejé: periodismo, arte y psicología. Fui a la deriva durante un tiempo, intentando averiguar a qué quería dedicarme en la vida. Quise ser una experta en redes sociales, artista, doctora, periodista, autora de películas de terror y madre a tiempo completo. Pero en aquella época descubrí que lo que buscaba en realidad era darle un sentido a mi vida, encontrar una identidad a la que pudiera llamar mía.

Recuerda

SI TE SIENTES perdido, no olvides que es algo temporal. Volverás a encontrar tu camino. Te sentirás inspirado, conectado y guiado en el momento divino perfecto.

La forma más rápida de dejar de sentirte perdido es ayudar a otras personas que lo necesiten. Colabora de voluntario en un comedor social. O consigue un cuaderno de dibujo e invéntate algo. Escribe poesía. Hazte miembro de la biblioteca de tu barrio. Hagas lo que hagas, emprende el sereno viaje de salir de tu cabeza para entrar en tu corazón. Y cuando te descubras en el momento presente, recordarás que nunca puedes llegar a perderte.

Vivo el presente. Sé que me encuentro en un viaje espiritual.
Respeto el proceso de sentirme perdido para descubrir en la quietud
de mi interior lo que me llena y apasiona en la vida.
Que así sea, así es.

69: Lúcido – 65: Inspirado – 93: Transformador

PEREZOSO

SI NO TE apetece trabajar o usar tu energía, eres un vago. Mi abuela solía decir que las manos ociosas desempeñan la tarea del diablo. Aunque hay momentos en la vida en los que nos apetece no dar golpe. Tal vez la montaña de ropa por doblar que te espera no te haga ni pizca de gracia. O quizá tienes que concertar citas, pagar facturas o realizar tareas pendientes. Mi consejo es que no dejes nunca para mañana lo que puedas hacer hoy.

Recuerda

DIVIDIR UNA TAREA en partes te ayudará a zafarte de la pereza aguda.

Arremangarte las mangas para pasar a la acción tiene su propio encanto. Te activa y te ayuda a sentirte mejor emocionalmente. La pereza equivale a decirle al Universo que no quieres darlo todo. Que prefieres hacerte a un lado y contemplar la vida desde fuera. Sé que lo que acabo de decir es duro, ¡pero albergo la esperanza de que te ayudará a despegar el trasero del sofá y a entrar en acción!

Si sabes que estás remoloneando y quieres sacudirte de encima la pereza, pídele al Universo que te ayude...

Querido Universo

Ofréceme oportunidades en la vida que me impidan ser perezoso. Libérame de la energía de «lo dejaré para más tarde» y guíame para que esté presente y actúe con perseverancia y dinamismo para ser eficiente. Ayúdame a manifestar ahora la esencia de la motivación.
Que así sea, así es.

30: Consciente – 35: Dedicado – 71: Motivado

78 PERSEGUIDO

SI TE SIENTES perseguido por tus creencias, tu sexualidad, tu raza, tu género o por causas que te apasionan, no olvides que nunca tienes que darle explicaciones a nadie. Hay que liderar con amor y dar ejemplo.

Esto debería ser un factor decisivo en las relaciones tanto personales como profesionales. Sí, sabemos que el delicado arte de la conversación consiste en no hablar de política ni de religión. Pero si sientes la necesidad de disculparte por tus creencias, sean las que sean, significa que te estás moviendo por los círculos inadecuados. Tienes todo el derecho a creer en lo que te apetezca mientras no hagas daño a los demás intencionadamente para demostrarles algo.

Recuerda

TUS PROPIAS CREENCIAS son la brújula de tu alma. Defiende con energía lo que te apasiona y tu forma de expresar la necesidad de un cambio y de fijar límites saludables.

Los que persiguen a los demás por alguna razón lo hacen movidos por la energía de la ignorancia. Si te es posible, ten compasión de los que fomentan los conflictos y la discordia en sus vidas. No olvides que la mayoría de la gente no se da cuenta en algunos aspectos de su propio comportamiento ni de los efectos de sus ideas sesgadas, y que es posible mantener conversaciones significativas sin juzgar a los demás ni ser violento.

Querido Universo

Recuérdame que soy quien soy. Ayúdame a mantener con orgullo mi energía y mis creencias con el corazón abierto. Haz que tenga compasión de los que han olvidado que todos formamos parte del maravilloso entramado de la Unidad.

Que así sea, así es.

95: Valiente – 42: Empoderado – 68: Libre

79 PESIMISTA

¿TIENDES A VER el lado más malo de todo o a creer que ocurrirá lo peor? Si eres pesimista es porque la vida te ha tratado probablemente de manera injusta en el pasado. Es posible que te hayan roto el corazón, que tus sueños se hayan ido al garete o que estuvieras rodeado de un buen puñado de aguafiestas. No pasa nada. Es algo muy común. Pero la mejor parte de todo esto es que te permite descubrir y saber que puedes elegir otro camino.

Recuerda

SI CAMBIAS TUS sentimientos y tus pensamientos, descubrirás que el mundo de tu alrededor también cambia por completo.

Ser pesimista es una oportunidad del Universo para que tu corazón se abra a las posibilidades infinitas. Adoptar la actitud más amable de esperar lo mejor y prepararte para lo peor te vendrá de maravilla. Este simple cambio de actitud transformará tu forma de interpretar tus vivencias.

La vida en realidad no es difícil ni está plagada de obstáculos. Esto no es más que una forma de verla. Lo que determinará si triunfas o no en ella es tu forma de manejar y ver cualquier dificultad con la que te enfrentes.

Querido Universo

Ayúdame a dejar el antiguo hábito de esperar lo peor.
Haz que recuerde que mi energía de hoy está preparando el camino
para mis experiencias de mañana.
Que así sea, así es.

56: Fluyente – 77: Positivo – 17: Apoyado

> «La preocupación nos hace ver los pequeños contratiempos
> como grandes desastres.»
> —REFRÁN SUECO

EL SENTIMIENTO DE preocupación se debe afrontar en el instante en que aparece. El peculiar nudo de la ansiedad en la boca del estómago es la forma del Universo de pedirte que confíes en que todo está acaeciendo como debe acaecer. La mayoría de preocupaciones y desasosiegos no llegan a materializarse nunca. Pero a veces ocurre, ya que la vida es cambiante y transformadora por naturaleza. Lo que te permitirá superar esta experiencia es la valentía que reside en tu corazón.

Recuerda

SI ESTÁS PREOCUPADO, estás activando la energía del miedo. Reemplázala por la de confiar en El Universo, aunque estés afrontando una gran incertidumbre.

El 1 de octubre de 2017 mi hija pequeña Awa me despertó a la una de la madrugada. Abrí los ojos y agarré el móvil para ver qué hora era. Tenía más de cien mensajes de personas diciéndome que estaban «preocupadas» por mí. El día anterior había subido fotos en Instagram del Mandalay Bay, el centro turístico en el que estábamos en Las Vegas. Circulaban noticias sobre la masacre que había tenido lugar en el mismo hotel.

En Twitter aparecían noticias dispares sobre varios francotiradores que habían sembrado el pánico en diversos casinos.

Desperté a Sean para contárselo. Nos sentamos en la terraza de la habitación del hotel con vistas a la emblemática ciudad de Las Vegas. No había un solo avión o helicóptero en el cielo. Reinaba un silencio sepulcral, se podía oír el vuelo de una mosca. Muchas de las luces de la ciudad se habían apagado o atenuado. La mezcla inquietante de preocupación y silencio se palpaba en el aire. No nos sentíamos seguros, y nos preocupaba la seguridad de las personas de los edificios que veíamos a lo lejos.

Si te preocupa alguien o algo, medita sobre que El Universo guía tu energía y envía la esencia del apoyo hacia esa dirección...

Querido Universo

Me desprendo de los sentimientos de inquietud y preocupación, y confío en el proceso de transformación. Dedico y envío ahora la energía del amor, la luz, el bienestar y la plenitud a las personas que lo necesitan en este momento. Tanto yo como los míos estamos rodeados de la esencia del apoyo y el bienestar.
Que así sea, así es.

50: Expansivo – 56: Fluyente – 57: Fuerte

PROVOCADO

¿ALGO HA PROVOCADO en ti una reacción negativa? Es posible que sea algo que has visto en las redes sociales o en la televisión que has etiquetado como «malo». Podría ser un vídeo que te ha traído a la memoria una experiencia traumática. O una persona con una voz que suena como uñas rascando una pizarra, cuyo tono y su timbre de voz te irritan sin cesar. O tal vez sea una canción sonando en la radio la que te trae malos recuerdos. Todos los sentidos se pueden estimular emocionalmente en diversos momentos de tu vida, activando recuerdos y respuestas negativas. Lo más probable es que sea porque alguien dijo o hizo algo que choca con tu serie de normas internas.

Recuerda

TU VIAJE POR la vida siempre te presentará provocaciones que tendrás que superar.

El Universo te ha asignado la misión sagrada de hacer que tu alma crezca y se expanda.

Las provocaciones suelen surgir en las discusiones y los desacuerdos que se dan en las relaciones. Tu pareja seguramente sabe cómo y dónde dejar caer las bombas emocionales que te harán saltar. Es muy fácil olvidar que tu tarea es no dejarte llevar por las provocaciones y ser dueño de tu energía. En cuanto aprendas a afrontarlas con compasión y sin reaccionar, la calidad de tu vida mejorará en gran medida.

Cuando te sientas provocado por algo, detente y pídele al Universo que te guíe:

Querido Universo

Recuérdame que debo ser compasivo en esta situación.
Tengo la fuerza para gestionar mi energía y elegir mi forma de reaccionar.
Haz que mis palabras generen bondad mientras entro en un estado de amor.
Que así sea, así es.

95: Valiente – 25: Compasivo – 100: Vulnerable

RECELOSO

EL RECELO SIGNIFICA que has levantado un muro diminuto (o gigantesco) alrededor de tu corazón y que no te queda demasiado espacio para conectar de verdad con los demás. Si crees que debes protegerte de los demás es probablemente por haber sufrido un engaño, quizás alguien ha traicionado tu confianza. La otra cara de la moneda es que podemos, sin darnos cuenta, ver a los demás como competidores.

Recuerda

LA VERDADERA BELLEZA del contacto humano es dejar que los demás te vean.

Compararnos con los demás es otra razón por la que nos mostramos recelosos. Es fundamental recordar que las comparaciones nos roban la alegría, como dice el refrán. Aunque parezca un cliché, baila como si nadie te estuviera mirando. Ama con todo tu corazón. Vive como si te estuvieran sucediendo constantemente cosas buenas en la vida. Es vital eliminar esta barrera energética y abrirte a los demás. De lo contrario, El Universo no podrá satisfacer tus deseos debido a este bloqueo de tu energía vital.

Si recelas, deja que esta meditación elimine cualquier resistencia:

Querido Universo

Dejo ahora que las personas, los lugares y las experiencias emocionantes fluyan en mi realidad. Confío con todo mi corazón en que me guían y protegen en este mundo. Atraigo ahora a mi familia del alma y a mis almas gemelas de mentalidad afín a la mía para crear un sistema de apoyo mutuo lleno de diversión, alegría, luz y risas.

Que así sea, así es.

5: Afectuoso – 2: Abierto – 100: Vulnerable

REPRIMIDO

¿HAS INTENTADO ALGUNA vez retener una pelota playera debajo del agua? Es imposible hacerlo por mucho tiempo. Opone una gran resistencia. Lo mismo ocurre cuando intentamos ocultar o negar quiénes somos en realidad. La represión puede manifestarse de las formas más insólitas. Como, por ejemplo, cuando alguien intenta negar su verdadera sexualidad o género. O al reprimir sus sentimientos y no permitirse sentir la plenitud y la totalidad de la maravillosa condición humana.

Recuerda

TIENES TODO EL derecho a ser y a expresarte como te plazca o como desees. Se trata de tu propia vida.

Violet se casó varias veces antes de descubrir que quizá le gustaban las mujeres. Siempre le habían atraído, pero nunca se preocupó de analizar a fondo si se podía plantear mantener una relación con una persona del mismo sexo. Como nació en la década de 1920 en Inglaterra, se vio obligada a llevar un estilo de vida bien visto por la sociedad basado en las expectativas de los demás. Incluso después de tres matrimonios, Violet sabía que en una relación de pareja tenía que haber más plenitud y complicidad.

Violet no conoció a Rhonda hasta la sesentena. Rhonda siempre había vivido a su propio aire, pero Violet solo sintió que empezaba a vivir como realmente deseaba cuando sus vidas se unieron.

Si sientes que no puedes expresarte tal como eres en el mundo, recuerda que El Universo te adora y te ama incondicionalmente.

Querido Universo

Ayúdame a reunir el valor para expresar mis sentimientos desde un estado de autenticidad. Guíame en este proceso y atrae a la persona adecuada para que me apoye en ello en este momento.
Que así sea, así es.

61: Honesto – 17: Apoyado – 37: Desinhibido

84 REPROBADOR

NO ES FÁCIL advertir cuándo nos da por juzgar a los demás. Cuando el marido de la vecina de la puerta de al lado tuvo una aventura amorosa, dejó a su mujer y a sus tres hijos para irse con una chica más joven. La noticia circuló de boca en boca por la comunidad de madres del colegio.

«¿Cómo le ha podido hacer eso? ¡Qué tipo más despreciable!»

Recuerdo que juzgué la situación sin conocer los detalles y sin ser asunto mío. Solo sabía que, según mi escala de valores, yo nunca le sería infiel a mi pareja ni rompería mi familia. En aquella época era evidente que no quería ver el fracaso de mi matrimonio ni los episodios violentos que se producían a intervalos regulares. Había demonizado la infidelidad como la catalizadora que causaba daños irreparables.

Recuerda

CUANDO JUZGAS LOS actos de otro y los tachas de malos, te conviertes en la energía de aquello que estás juzgando. ¿Y si en su lugar observas la situación con compasión? ¿Y si la ves desde una cierta distancia?

Por lo que a mí respecta, acabé teniendo una aventura a los pocos meses de haber juzgado con tanta dureza a mi vecino. El Universo oyó mi censura e intolerancia y me encomendó una misión. Tenía que recordar que, a no ser que nos pongamos en la piel de otro, no es asunto nuestro creer que entendemos la situación en su totalidad.

Querido Universo

Ayúdame a ver las situaciones que me empujan a juzgar a los demás como una oportunidad para ser compasivo y comprensivo. Haz que vea a través de tus ojos a todas las personas y los actos que se crucen en mi camino.
Que así sea, así es.

30: Consciente – 25: Compasivo – 85: Satisfecho

85 RESENTIDO

SI ESTÁS RESENTIDO con alguien, ten en cuenta que es tóxico para tu propio bienestar. La energía del resentimiento se compone de disgusto, tristeza y sorpresa, tres emociones básicas; es decir, la percepción de un acontecimiento injusto. Cuando te sientes así, te cuesta lo indecible recuperar la calma. El Universo te está planteando una de las situaciones más difíciles de superar.

En cuanto anida esta energía en tu corazón, el perdón es la única forma de evitar salir malparado. Pero para aventurarte en esta labor tan espiritual tu alma tiene que ser valiente y bondadosa.

A lo largo de mi vida he estado resentida con algunas personas, incluso las he llegado a odiar. Y no lo digo a la ligera. Tanto si se trata de un compañero de trabajo como de un amigo, es fácil trazar una línea profunda en la arena y fijar unos límites. Si se trata de tu pareja o de un familiar, superar el resentimiento se convierte en una misión espiritual sagrada. O sales airoso de la situación o fracasas estrepitosamente, no hay medias tintas.

El resentimiento es como la pena, te cambia por dentro.

Recuerda

CUANDO ESTÁS DISPUESTO a abandonar el resentimiento y la amargura, El Universo te recompensa por tu valentía.

El perdón y la creación de un camino nuevo para ti te traerán una infinidad de recompensas. La experiencia te hace más fuerte.

Pídele al Universo que te ayude a recalibrar tu corazón y la energía de tu alma...

Querido Universo

Dame la fuerza para perdonar. Ayúdame a desprenderme de los sentimientos de resentimiento. A fijar unos límites que me sirvan y a confiar en que esta experiencia me enseña una lección.
Que así sea, así es.

9: Alineado – 25: Compasivo – 63: Indulgente

86 RETRAÍDO

CUANDO ESTÁS DEPRIMIDO, o bajo de ánimos, te vas encerrando poco a poco en ti mismo. No sales a divertirte y ya no haces lo que tanto te gustaba, dejas de comunicarte con los amigos, pierdes la confianza en ti y te aíslas del mundo.

Lo más probable es que estés bajando el ritmo al no tener la energía para hacerlo todo. La buena noticia es que no hay nada malo en retraerte de aspectos de tu vida en diferentes momentos. Aunque la situación es un tanto preocupante cuando te impide funcionar en tu día a día.

Recuerda

LA VIDA NO es un ensayo general. No tendrás otra oportunidad para llevar una vida dichosa y alegre. ¡AHORA es el momento de llevarla!

Para superar el sentimiento de retraimiento, sé muy afectuoso contigo mismo. Avanza paso a paso, dirigiéndote siempre hacia lo que te apasiona. El régimen de aislamiento es la peor clase de castigo en los sistemas penitenciarios, porque el conjunto del cuerpo, la mente y el espíritu necesita calor humano, apoyo y conexión para prosperar.

Cuando adviertas que te estás encerrando en ti mismo, pídele al Universo que te persuada de salir de tu cueva...

Querido Universo

Me permito ser dulce y bondadoso conmigo mismo para ofrecerme el espacio en el que curarme en cada aspecto de mi vida. Estoy abierto a atraer a las personas adecuadas que me apoyarán incondicionalmente en los momentos en que necesite un abrazo o un poco de espacio.
Que así sea, así es.

27: Conectado – 78: Presente – 1: A salvo

RÍGIDO

SI PUEDES VER que eres rígido, o si crees que alguien lo es en lo que respecta a sus creencias o a su conducta, esta historia te ayudará a ganar un poco de perspectiva y de visión. A los 19 ya llevaba casi dos años viviendo con mi novio. Me alojaba en un bungaló minúsculo situado en la parte trasera de la casa de mis padres. Tim vivía conmigo unos pocos días a la semana y éramos los mejores amigos. Sin embargo, nos enzarzábamos en acalorados debates sobre la existencia de Dios y El Universo. Él decía que creía en «lo que es», y que todo «es» como tenía que ser. Además, se calificaba de ateo. Yo lloraba desconsoladamente por la noche hasta caer rendida de sueño, de manera literal, deseaba que mi pareja creyera en un poder superior. Por lo visto, era muy rígido en cuanto a sus creencias. No iba a cambiar de parecer ni un ápice, estaba convencido de que no existía el cielo, ni el infierno, ni una fuerza cósmica orquestando el entramado de la realidad.

Pero, la verdad sea dicha, era yo la que era rígida al no querer aceptar su punto de vista y su derecho a creer lo que quisiera.

Recuerda

CUANDO ERES CAPAZ de intentar entender el punto de vista de otro, activas la magia de la compasión.

Ser rígido consiste en impedir que se manifieste en tu realidad el fluir de las posibilidades infinitas. Si necesitas una pequeña ayuda para abrirte al punto de vista de otros, pídele al Universo que transforme tu energía a través del cristal de la Unidad.

Querido Universo

Vivo en un paradigma unificado de amor, compasión y apertura.
Si alguien no comparte mi punto de vista, le envío amor y acepto
con naturalidad estar en desacuerdo con él.
Que así sea, así es.

25: Compasivo – 56: Fluyente – 2: Abierto

88 ROTO

Quizá te sientas ahora roto por dentro, pero en realidad nunca puedes romperte. Sean cuales sean tus circunstancias, en este momento te sientes así por una razón. Con el paso del tiempo, todo cobrará sentido para ti y descubrirás el propósito de esta experiencia.

Por ejemplo, de 2013 a 2015 me sentí totalmente rota físicamente. Una semana antes de casarme en Las Vegas con Sean, sufrí un aborto espontáneo a las seis semanas de gestación. En tan solo ocho meses había perdido a cinco bebés en total. Nos enamoramos del palpitar de los diminutos corazones, en diversas etapas, pero descubrimos que no conseguirían llegar a este mundo con vida. Los médicos estaban desconcertados, no sabían por qué me ocurría y cómo era posible que me quedara embarazada con tanta regularidad y facilidad a los 33. Me sentí como si el cuerpo me estuviera fallando al no poder mantener con vida a mis retoños. Como maestra creadora de manifestaciones, esta experiencia puso a prueba mi fe al máximo y perturbó mi creencia en El Universo.

¡Cómo iba a ayudar a la gente si me sentía tan rota por dentro!

En aquella época fui de lo más franca sobre las pérdidas de mis bebés y las compartí en las redes sociales. A propósito, los embarazos que no llegan a buen término tienen que expresarse más abiertamente en la sociedad, ya que una de cada tres preñeces acaba en aborto.

Lo que descubrí en aquel tiempo es que compartir mi historia y mi vulnerabilidad inspiraba a las mujeres que estaban pasando por lo mismo. Juntas, gracias al apoyo buscado mientras nos sentíamos rotas por dentro, activamos la energía curativa de la comunidad.

Cuando en 2015 sostuve por fin en brazos a Lulu Dawn —el milagro de mi hija—, ¡había estado embarazada 18 meses en total! ¡Fue casi como el periodo de gestación de un elefante asiático! Me refiero a que a veces tenemos que superar la ilusión de estar rotos por dentro para saber con más claridad cuál es nuestra misión y nuestro propósito en la vida.

Recuerda

EL UNIVERSO SIEMPRE te pondrá a prueba ofreciéndote una historia dolorosa para que la superes, y nunca te presentará una que no puedas manejar. Ten, simplemente, fe en el proceso, y prepárate para la brutal montaña rusa que te espera.

Medita sobre los sentimientos de sentirte roto por dentro para apoyarte en la maravilla de la plenitud...

Querido Universo

Haz que vea este momento de mi vida como un valioso ciclo de aprendizaje.
Ayúdame a que mi corazón reciba la energía sustentadora que necesito
para superar esta experiencia con calma y naturalidad.
Que así sea, así es.

95: Valiente – 50: Expansivo – 75: Pleno

 # SATURADO

¿TE SIENTES SATURADO en este momento? Si es así, ahora te toca descansar un poco y renovarte. Si te sientes irritado o molesto por el trabajo al que te dedicas, quizás es hora de observar la situación desde una cierta distancia.

Recuerda

LA ENERGÍA QUE pones en tu trabajo te revitalizará o te agotará. De ti depende.

Trabajar y ayudar a los demás es la fuerza vital de la humanidad. Cada persona juega un papel esencial en este escenario llamado «vida». Tanto si te dedicas a lo que te apasiona como si tienes un empleo simplemente para pagar las facturas, no olvides que la energía que pones en tu ocupación mejorará tu vida o la contaminará.

Si te sientes saturado significa que El Universo te está dando un toque de atención para que dediques más tiempo a divertirte y a ser feliz en el presente. A mí me encanta ver cómo personas que tienen un trabajo extremadamente difícil, tedioso o exigente físicamente logran llevar tanta alegría a su vida laboral. Jardineros, limpiadores, canguros, profesores, enfermeras, empleados de correos, de comercio... ¡La lista sigue! Son los verdaderos ángeles en la vida, lo dan todo y ayudan a la gente, aunque se sientan saturados.

Conecta con El Universo para avivar el proceso de revitalizar tu perspectiva...

Querido Universo

Estoy ahora listo para revitalizarme y poder así dedicarme a mi trabajo
con la energía del entusiasmo, el servicio y la gratitud.
Que así sea, así es.

89: Servicial – 36: Descansado – 28: Confiado

SOBREEXCITADO

¿NO PUEDES EVITAR estar sobreexcitado? ¿Tomas demasiado café? ¿Demasiado tiempo de exposición a las pantallas antes de acostarte?

Cuando desees relajarte, calmarte y desconectar ha llegado el momento de levantar el pie del acelerador y procurar salir de tu cabeza para anclarte en tu cuerpo.

Es importantísimo que te concentres en la respiración.

Recuerda

LA RESPIRACIÓN ES siempre un método excelente para averiguar si vamos por la vida corriendo todo el día y sobreexcitados, o si nos relajamos al dejarnos llevar por el sosegado ritmo de cada momento.

Si este método no te funciona, prueba a darte un baño con agua caliente o tómate una agradable copa de vino tinto.

Pon en práctica esta meditación cuando estés deseando disminuir el ritmo trepidante que llevas y relajarte:

Querido Universo

Ahora respiro hondo y retengo la respiración. Al exhalar, suelto cualquier energía frenética acumulada en mi cuerpo. Inhalo la energía de la relajación. Exhalo la energía de la sobreexcitación y la libero con amor. Inhalo la plena energía de ser consciente del momento presente.
Que así sea, así es.

55: Firme – 83: Relajado – 36: Descansado

SOLO

MI MOMENTO MÁS importante de «Querido Universo» me lo trajo la soledad.

En 2004 viví un año en Gotemburgo, Suecia. Dejar Australia para mudarme a un país que no era de habla inglesa y donde no conocía a nadie fue bastante intimidante. En las dos primeras semanas, las únicas personas con las que hablé fueron mi marido (un hombre parco en palabras) y Thomas, mi hijo, que por aquel entonces tenía tres años. Lamenté enseguida haberme mudado a Suecia, echaba terriblemente de menos a mi familia y a mis amigos.

En nuestro apartamento no teníamos Internet, así que arranqué la página de un listín telefónico del vecindario en la que salía un mapa de los alrededores y lo llevaba siempre encima cuando salía a dar una vuelta por si me perdía. Paseaba por las calles empedradas cubiertas de nieve oyendo a los transeúntes conversar en sueco. Me sentía muy sola. Anhelaba charlar con alguien, y vi que la única forma de no sentirme sola era salir de mi zona de comodidad y hacer nuevos amigos. Consulté el listín telefónico que había en nuestro apartamento y busqué «guarderías de habla inglesa» para padres expatriados con hijos pequeños. Era la única opción que tenía a mi alcance. Frölunda, el lugar de encuentro, se hallaba a una hora de camino en tren y parecía estar perdido en medio de la nada. Cuando llegué, vi a otras mujeres en una situación parecida a la mía con maridos que trabajaban 60 horas a la semana. Encontré a mi tribu, a mi nuevo grupo de apoyo, y una forma de no sentirme tan sola.

Recuerda

NUNCA ESTÁS SOLO. El Universo siempre está ahí para ayudarte a actuar de manera inspirada y a entablar nuevas amistades.

Querido Universo

Guíame para atraer a nuevos amigos con los que me lo pase bien.
Haz que nos riamos, seamos felices y nos relajemos juntos.
Que así sea, así es.

13: Amado – 17: Apoyado – 22: Bienvenido

SUICIDA

DESEAR QUITARTE LA vida es una situación muy real, complicada y aterradora. Si estás contemplando suicidarte, busca de innmediato a alguien que pueda ayudarte. Hay profesionales con los que puedes hablar por teléfono o por un chat virtual que te ayudarán en los momentos que lo necesites. Están listos para escucharte compasivamente y apoyarte en esta crisis.

Si reflexionas sobre momentos en los que has querido quitarte la vida, ten en cuenta que no eres la única persona a la que le ha sucedido.

Recuerda

LA VIDA ES muy valiosa. ¡Habrá ocasiones en las que creerás que nada te va a ir bien, pero saldrás del bache!

Nuestra vida pasa por distintas temporadas. Tendrás días buenos y días malos, es algo de lo más normal, forma parte del plan. No olvides que no tiene por qué incomodarte pedir ayuda.

Querido Universo

He tocado fondo y ahora no puedo hacer más que salir del pozo.
Estoy dispuesto a dejar que otras personas me ayuden y me conduzcan
de vuelta a un estado de bienestar emocional. Esta temporada
de mi vida acabará pasando. Volveré a sentirme bien.
Que así sea, así es.

57: Fuerte – 17: Apoyado – 28: Confiado

TENSO

EN EL AJETREADO mundo en que vivimos son muchas las personas que están tensas. La tensión puede manifestarse de forma física o emocional, y la causa suele ser el estrés y la ansiedad. La buena noticia es que son muchas cosas las que puedes hacer para relajarte en un santiamén.

La meditación te vendrá de maravilla para salir de tu cabeza y entrar en tu corazón. Se ha demostrado que reduce el estrés y la tensión, y también favorece la calma y relaja el sistema nervioso simpático.

Recuerda

SI TE SIENTES tenso, busca activamente formas de relajarte y conectar con lo que es importante. Si su origen es la familia o las relaciones, fija en tal caso unos límites saludables.

Es necesario eliminar la tensión en tu vida. Los rituales concebidos para cuidarte son un elemento importantísimo en tu rutina diaria. Para desconectar puedes, si lo deseas, darte un baño, recibir un masaje, preparar un plato saludable o escuchar música relajante. Procura reducir tu tensión disfrutando con alguna actividad.

Para empezar, prueba esta meditación:

Querido Universo

Elimina la tensión de mi cuerpo y mi mente. Ayúdame a liberar esta energía de mis células para que me sienta revitalizado, lleno de energía y pleno.
Que así sea, así es.

24: Calmado – 33: Curado – 75: Pleno

94 TÍMIDO

SI ERES UNA persona tímida, probablemente conozcas muy bien la aterradora situación de hablar ante un grupo de gente. La buena noticia es que no es necesario que superes tu timidez, acéptala simplemente. En el mundo también hay líderes tímidos, personas tímidas que han alcanzado hazañas sorprendentes y grandes logros. No hay nada malo en ser tímido.

Si alguna vez te han dicho que digas lo que piensas o que transmitas más confianza en ti, ¡no olvides que eres un ser único! No tienes que demostrarle nada a nadie, ni tampoco hay nada que temer. Yo también soy un poco tímida al principio, pero enseguida rompo el hielo.

Recuerda

TEN PRESENTE QUE la timidez también conlleva sus ventajas. No tienes por qué ser como todo el mundo.

Algunas de las personas más brillantes son de naturaleza introvertida.

Recuerda además que El Universo siempre está contigo, fluyendo a través de ti cuando necesitas recibir una saludable dosis de confianza para ser, simplemente, tú mismo.

Querido Universo

Ayúdame a aceptarme tal como soy y a dejar de creer que debería
ser de otra forma. Ahora aprecio mi fortaleza interior
y confío en que siempre la expresaré a mi propia manera.
Que así sea, así es.

47: Equilibrado – 86: Seguro de mí mismo – 98: Visible

TRAICIONADO

LA ENERGÍA Y la esencia del engaño son como un puñetazo propinado en el corazón. A algunas personas les causa un dolor tan tremendo que puede durarles años. Si te han dado una puñalada trapera, te han sido infiel, te han tomado el pelo o te han engatusado, no olvides que con el paso del tiempo verás lo que te ha ocurrido como una gran bendición.

Recuerda

TODO EL MUNDO acaba mostrando su verdadera cara. Esta situación es El Universo haciendo una profunda limpieza en tu vida por tu bien.

Deja que El Universo te ayude a curar tu corazón y a recordarte que esta dolorosa experiencia tiene un propósito maravilloso. Ahora tal vez no lo entiendas, pero con el tiempo le encontrarás un sentido.

Querido Universo

Ayúdame a desprenderme de los sentimientos de negatividad de mi cuerpo y mi corazón. Ahora perdono al pasado y lo dejo atrás. Me dirijo hacia un futuro lleno de sinceridad, integridad y alegría.
Que así sea, así es.

63: Indulgente – 12: Amable – 61: Honesto

96 TRAUMATIZADO

LOS TRAUMAS NO deben tomarse a la ligera. Vivir o presenciar un incidente que cambia el paisaje emocional de quien eres es una invitación muy profunda del Universo para buscar el camino de la curación. Hay algunas cosas que no podemos deshacer ni dejar de ver. Quizás esos incidentes te torturen en tu mente y en tu corazón. La buena noticia es que puedes cambiar tus asociaciones con el dolor y llevar una vida de libertad emocional.

Recuerda

DEJAR DE SUFRIR no significa que perdones ni olvides. Valora tu papel en la experiencia como parte del periplo de tu alma.

El Universo nunca te dará más de lo que puedas manejar. Un elemento clave consiste en eliminar de tu vida cualquier cosa que te altere, tanto si se trata de sacar físicamente algo de tu entorno como de cortar con alguien que te recuerda el pasado.

El EPT (estrés postraumático) es real. Cuando lo padecemos, las hormonas, las células y las sustancias químicas del cuerpo necesitan recuperarse con suavidad. Por suerte, El Universo está siempre presente para tomarte de la mano y curarte el corazón.

Querido Universo

Agradezco el día de hoy. El ahora es todo cuanto existe.
Ayúdame a ser feliz en la vida cotidiana y a agradecer el apoyo y la guía que recibo. Un problema compartido es un problema que te ahorras.
Que así sea, así es.

97 TRISTE

AL DÍA SIGUIENTE de perder a mi primer bebé a las 16 semanas de gestación, me dijeron que esperara en el área preoperatoria, en la que había sentadas otras siete mujeres jóvenes cubiertas también con batas blancas de hospital, esperando ansiosamente. La chica de al lado estaba llorando, aunque procuró que yo no lo advirtiera.

«¿Cómo sabes que es lo que hay que hacer?», me susurró.

No tenía idea de a lo que se refería hasta que me di cuenta de que todas esas chicas estaban allí para abortar. Me encontraba en un hospital público al que iban los que no tenían seguro médico, sentada con un grupo de mujeres jóvenes que habían acudido a la cita para poner fin a su embarazo. No había caído en la cuenta de que el procedimiento quirúrgico de dilatación y curetaje realizado después de un aborto espontáneo es muy similar al de un aborto.

«He perdido a mi bebé», le respondí con un hilo de voz.

Entonces me contó que su madre la obligaba a abortar porque aún no había terminado el instituto. Cobré conciencia del conflicto interior de aquella chica y su gran tristeza. Por un lado quería respetar la vida que llevaba en sus entrañas, y por otro también quería respetar la suya para salir adelante.

Debe de costar lo indecible tomar esa decisión, y te aseguro que no la juzgo. No es asunto mío. Pero lo que sí sé es que el proceso relacionado con el avance o la interrupción de una vida nueva puede generar tristeza.

Como seres humanos, nos podemos sentir tristes por muchas distintas razones. Tal vez sea por la muerte de nuestro pececito de colores, por la cancelación de nuestro programa favorito de la tele o porque alguien se comió el último helado del congelador. La tristeza es la forma que tiene nuestra alma de reaccionar a los contrastes de la vida.

SI ESTÁS TRISTE, llora. Asimila esta emoción a tu propio ritmo y a tu manera. Demasiadas personas sienten que no tienen el espacio para sentirse como quieren sentirse. Date el espacio para expresar tu tristeza, así la procesarás más deprisa.

El Universo siempre te está apoyando en este proceso…

Querido Universo

Ayúdame a dejar atrás la energía de la tristeza para sentirme esperanzado y agradecido. Hazme ver que este momento de mi vida es temporal. Confío en que en este viaje vital mi corazón se está curando como se debe de curar.

Que así sea, así es.

27: Conectado – 7: Agradecido – 48: Esperanzado

98 UTILIZADO

«¡ME HA ASEGURADO que va a dejar a su mujer definitivamente! Me gustaría creerle esta vez. Dice que me ama.»

Joanne había repetido esta frase docenas de veces. Parecía casi pronunciarla cíclicamente como las fases de la luna. Se cuestionaba la validez y la viabilidad de su relación con James —un asesor financiero—, pero cuando él le pedía que pasaran un fin de semana juntos en secreto, se le turbaba la razón y se dejaba llevar por una pasión arrebatadora.

Durante cinco años, las amigas más íntimas de Joanne le estuvieron advirtiendo que James la estaba utilizando. Pero ella se negaba a ver la situación tal como era. Un día descubrió de repente que estaba embarazada y James le soltó que «se deshiciera del bebé», porque su mujer también esperaba un hijo suyo.

Es importante recordar que las relaciones son un sistema de apoyo mutuo.

Recuerda

CUANDO TUS NECESIDADES no se satisfacen y veas que estás metido en algo que va en contra de tus valores, es el momento de impedir que te sigan utilizando.

Recupera tu poder y comprende con esta meditación que es vital marcar límites saludables:

Querido Universo

No pienso dejar que nadie se aproveche de mí. Trazo una línea muy profunda en las arenas cósmicas de las intenciones. Haz que nadie la cruce y que se mantenga con afecto.

Que así sea, así es.

54: Fiero – 57: Fuerte – 18: Apreciado

VACÍO

¿TE SIENTES COMO si el depósito de tu alma se estuviera quedando vacío? Ten en cuenta que de vez en cuando todos hemos sentido que no teníamos nada para dar, no lo dudes. Por eso es tan importante llenar tu taza, reabastecer tu alma y hacer feliz a tu corazón para unirte a la fiesta y no perderte un solo momento de la maravillosa acción que se dará a lo largo de tu vida.

Recuerda

SI CREES QUE estás vacío por dentro, toma medidas para volverte a llenar.

La forma más rápida de dejar de sentirte vacío es procurar disfrutar de la vida. Mira una película divertida, lee un libro, toma alimentos nutritivos y duerme lo suficiente. Haz aquello que te alegre el alma. Permítete ser un poco egoísta, y comprométete a hacer algo que te guste a diario.

El Universo siempre está aguardando, listo para volver a llenarte el depósito cuando tú se lo pidas…

Querido Universo

En este momento visualizo que estoy rodeado de la energía sustentadora de la luz dorada. Ayúdame a ver que esta luz penetra en mi corazón y me llena de alegría, risa, amor y sentido. Me siento lleno y renovado.
Que así sea, así es.

85: Satisfecho – 50: Expansivo – 75: Pleno

VULNERABLE

LA VULNERABILIDAD ACTIVA la magia en las relaciones tanto personales como profesionales. Desear expresar con total franqueza y sinceridad lo que estás sintiendo y lo que has vivido es un regalo. A mí me llevó muchos años ser lo bastante valiente como para compartir algo desde un estado de vulnerabilidad. En realidad, ha habido varios momentos en este libro en los que me he planteado si no estaría siendo demasiado vulnerable.

Puede ser aterrador, pero cuando por fin te abres a los demás y compartes lo vivido, la gente se identifica con tu historia.

Recuerda

CUANDO LE ABRES el corazón, la mente y el alma a los demás, generas confianza y les recuerdas que estamos en este mundo juntos.

La vulnerabilidad es renunciar al control y al poder personal para que alguien se acerque a ti y se establezca una conexión.

Durante diez años solo le conté a un puñado de personas los maltratos sufridos en mi primer matrimonio. Se los oculté a mi familia y me guardé dentro la humillación que me producían. Pero me liberé al descubrir que al compartir mi historia desde un estado de vulnerabilidad ayudaba a otras mujeres que estaban pasando por lo mismo. Me convertí en la persona que necesitaba en mis horas más bajas; así es como se crea la esencia de un auténtico liderazgo.

Si te planteas si ser o no vulnerable te ayudará o tc traerá problemas, pídele al Universo que te guíe:

Querido Universo

Te pido que fortalezcas mis sentimientos de vulnerabilidad para que pueda compartir mi perspectiva y mi vivencia con los demás e inspirarles así con mi historia. Muéstrame cómo puedo serles útil y cuál es el propósito de mi pasado.
Que así sea, así es.

86: Seguro de mí mismo – 55: Firme – 1: A salvo

Parte 3

100 MINIMEDITACIONES PARA HACER TUYO EL AMOR

Cuando aprecias, agradeces y celebras cómo te sientes en el presente, estás invitando a que se manifiesten más situaciones mágicas en tu vida. Tanto si deseas sentir amor como si estás encauzando tu energía hacia una nueva dirección, El Universo que reside en ti siempre está dispuesto a apoyarte y guiarte en tu viaje.

Cuanto más amor te permitas sentir, más agradecimiento habrá en tu corazón y más será el amor que estés dispuesto a dar.

En esta parte volverás a preguntarte:

¿CÓMO ME siento en este MOMENTO? ¿CÓMO me quiero sentir?

CADA EMOCIÓN «BASADA en el amor» va acompañada de una historia, una perla de sabiduría o un retazo inspirador, y concluye con una minimeditación de «Querido Universo». Sintoniza con la energía de cada tema basado en el amor y llévala a tu vida cotidiana con más intensidad y viveza.

1. A salvo
2. Abierto
3. Abundante
4. Adorado
5. Afectuoso
6. Afortunado
7. Agradecido
8. Alegre
9. Alineado
10. Aliviado
11. Altruista
12. Amable
13. Amado
14. Anhelante
15. Apacible
16. Apasionado
17. Apoyado
18. Apreciado
19. Aquietado
20. Atento
21. Bello
22. Bienvenido
23. Brillante
24. Calmado
25. Compasivo
26. Concentrado
27. Conectado
28. Confiado
29. Consagrado
30. Consciente
31. Contento
32. Creativo
33. Curado
34. Curioso
35. Dedicado
36. Descansado
37. Desinhibido
38. Dichoso
39. Divino
40. Elegante
41. Emocionado
42. Empoderado
43. Encantado
44. Energizado
45. Entregado
46. Entusiasmado
47. Equilibrado
48. Esperanzado

49. Eufórico

50. Expansivo

51. Expresivo

52. Feliz

53. Festejador

54. Fiero

55. Firme

56. Fluyente

57. Fuerte

58. Generoso

59. Gozoso

60. Guiado

61. Honesto

62. Iluminado

63. Indulgente

64. Infinito

65. Inspirado

66. Intuitivo

67. Juguetón

68. Libre

69. Lúcido

70. Mágico

71. Motivado

72. Optimista

73. Orgulloso

74. Pacífico

75. Pleno

76. Poderoso

77. Positivo

78. Presente

79. Próspero

80. Protegido

81. Querido

82. Reconfortado

83. Relajado

84. Reverente

85. Satisfecho

86. Seguro de mí mismo

87. Sensual

88. Sereno

89. Servicial

90. Sexi

91. Sustentado

92. Tolerante

93. Transformador

94. Único

95. Valiente

96. Valioso

97. Vibrante

98. Visible

99. Visto

100. Vulnerable

1 A SALVO

EN EL CORAZÓN de los seres humanos anida el deseo de manifestar tres cosas en la vida: seguridad, control y aprobación. Sentirnos seguros en nuestra vida es un derecho humano básico, pero a veces no está garantizado. Quizá no sientas que tienes un espacio seguro para expresar tus pensamientos o tus emociones en tu relación de pareja. Tal vez, al salir de una clase de yoga a las diez de la noche, te sientas inseguro mientras te diriges adonde has aparcado el coche. Puede que las decisiones que tomas y los límites que fijas no te hagan sentir seguro.

Recuerda

LA MAYORÍA DE las veces, cuando intentamos sentirnos seguros, se nos revelan unas lecciones maravillosas llenas de sabiduría. Cuando nos sentimos seguros, sabemos que la vida puede cambiar en un instante y que debemos prepararnos para fluir con los acontecimientos y adaptarnos con naturalidad al momento presente.

A lo largo de la vida me he sentido insegura en muchas ocasiones. En el año 2009, Max, mi exmarido, me amenazó con golpearme la cabeza con un martillo. Tras ser él arrestado, decidí seguir viviendo con él en un absurdo intento de que nuestra relación volviera a funcionar. En aquella época me sentía muy insegura. Sin embargo, muchos meses más tarde, cuando por fin tomé la decisión de dejarle, me sentí muy segura y sensata. Por primera vez en muchos años dormí plácidamente sin la amenaza de la violencia doméstica o del sufrimiento emocional cerniéndose sobre mí. Cuando te sientes seguro, te sientes libre.

Recurre siempre, sin ninguna excepción, al Universo cuando desees sentirte seguro. Busca también ayuda si tu seguridad física corre peligro en cualquier sentido. Pedir ayuda no tiene nada de humillante.

Querido Universo

Deseo sentirme seguro. Revélame el camino empoderado para gozar de seguridad en mi situación actual. Ayúdame a confiar en que se manifestarán en mi vida las personas adecuadas y los recursos para apoyarme y ayudarme en mi viaje.

Que así sea, así es.

ABIERTO

LA SENSACIÓN DE tener una mente abierta es mucho mejor que la de estrechez de miras. Cuando afrontas las oportunidades y las experiencias nuevas con una mente y un corazón abiertos, El Universo te ofrece más aventuras excitantes de las que disfrutar. La vida cobra más sentido.

Marcus era el hijo único de Gary y Gloria y la alegría de sus vidas. Estaba cursando el último curso en el instituto y, como no mencionaba nunca a ninguna chica que le gustara, a Gloria le preocupaba que no asistiera a la fiesta de graduación. Gary era un futbolista jubilado y era dueño de una empresa de limpieza de piscinas. A menudo se preguntaba por qué su hijo era tan introvertido y reservado.

«¿Aún no te has echado novia?», le preguntaba Gary a menudo.

Marcus jugaba al ajedrez y le encantaba el hockey. También le gustaba el anime japonés y coleccionar cómics, pero sus padres nunca habían conocido a ninguno de sus amigos.

Un día Gary le preguntó algo que le aterraba decirle, consciente de lo reservado que era su hijo.

«Hijo, ¿eres gai?»

«No... Soy bisexual, me gustan las chichas y los chicos», le respondió él arrugando el ceño.

Gary y Gloria se levantaron de la silla y le dieron un fuerte abrazo. Como padres, sabían que querían a su hijo con locura y estaban dispuestos a apoyarle en cualquier sentido que lo necesitara.

Recuerda

SER ABIERTO SIGNIFICA que puedes darles amor y comprensión a los tuyos o a tus amigos cuando necesiten apoyo.

Querido Universo

Abre mi corazón y mi mente para que vea más allá de los juicios de valor. Permíteme reconocer mis fallos y explorar los espacios donde pueda ser más inclusivo. Estoy abierto a las personas, las posibilidades y los lugares nuevos.
Que así sea, así es.

3 · ABUNDANTE

CUANDO TE SIENTES nadando en la abundancia, estás en sintonía con la energía de la libertad y las posibilidades ilimitadas. Es como un día cálido de primavera después de un invierno largo e interminable. Tienes la firme y clara sensación de saber que todo está bien en el presente y que a partir de ahora todo te irá mejor.

Recuerda

PUEDES DEFINIR LA abundancia en tus propios términos.

Podría consistir en la libertad económica, o en confiar serenamente en que El Universo siempre te ayudará cuando lo necesites. También se podría representar como disponer de buenos recursos —al cultivar, por ejemplo, tus propias hortalizas—, como la gran suerte de disponer de agua potable, como una sabrosa comida preparada por un amigo o como manifestar un ramo de flores recién cortadas.

La abundancia está por todas partes en cuanto decides apreciar lo que te rodea. Florence Scovel Shinn, maestra del Nuevo Pensamiento, dijo en una ocasión: «Hay recursos para recibir todo cuanto deseemos».

Significa que cada deseo se colma con la energía de las posibilidades. En cuanto recordamos esta verdad y la almacenamos en nuestra memoria, podemos empezar a jugar con las oportunidades enviadas por El Universo.

Emplea esta meditación para manifestar la energía de la abundancia en tu vida:

Querido Universo

Gracias por la abundancia que fluye libremente en mi vida de distintas maneras. Gracias por la oportunidad de ver el dinero como energía. Ayúdame a recordar el poder de la gratitud. Haz que desee contribuir en causas que fomenten un mayor bien. Confío en que siempre hay recursos ilimitados de prosperidad. Gracias por la libertad que has manifestado en mi vida.

Que así sea, así es.

ADORADO

¿QUÉ TE HACE sentir adorado? Tanto si es un gesto romántico de tu pareja como que un querido amigo se acuerde de tu cumpleaños, tu forma de recibir ese amor condiciona si manifestarás o no más amor en tu vida. No ser capaz de aceptar gestos de afecto puede crear tensión en tu relación de pareja. Pero cuando aceptas la energía de la adoración, se abren las compuertas al mundo maravilloso de las posibilidades de sentirte amado y valorado.

Cuando conocí a Sean, mi alma gemela, y me enamoré de él, me costó una barbaridad aprender a aceptar la adoración que sentía por mí. Yo era una mujer tan independiente que no podía confiar en que el amor que me demostraba fuera real. Poco a poco, aunque con paso firme, fui dejando que me adorara y me tratara como la reina de la casa. Una relación —tanto si se trata de una relación conyugal como de una unión, una amistad, una asociación o un acuerdo— es un sistema de apoyo mutuo. Hay que estar dispuestos a expresar aprecio en ella. Y para hacerlo es importante permitirnos recibir el amor de vuelta. Esto ayuda a que la energía siga circulando y a que la relación sea más sólida y viable.

Recuerda

LA PERLA DE la sabiduría es que El Universo te adora incondicionalmente.

¡Nos adora a todos! Eres un ser humano magnífico y único al mismo tiempo. Alcanzar el estado en que dejas de verdad que te adoren es un logro para celebrar. La mayoría de la gente rechaza el amor y los gestos de amabilidad porque siente que no se los merece. Celebra que estás dispuesto a recibirlos.

La siguiente meditación es tu recordatorio empoderador para darle la bienvenida a la adoración:

Querido Universo

Estoy abierto a recibir amor y bondad. Mi corazón está lleno
de agradecimiento por las sorpresas, los gestos amables, los milagros
y las expresiones de afecto que aparecen en mi realidad.
Que así sea, así es.

AFECTUOSO

«Ser profundamente amado por alguien te da fuerza,
amar profundamente a alguien te da valor.»
—LAO TSE

CUANDO ACEPTES LA energía de amar a alguien, céntrate en lo que quieres expresar en lugar de en lo que crees que este acto creará. Muchas personas dicen «Te amo» como si fuera una pregunta. Lo hacen para comprobar si su pareja también les ama.

La energía del amor consiste en ayudar a alguien sin esperar nada a cambio. No es más que perfeccionar el arte del altruismo. Así es como El Universo fluye por nuestro ser todo el tiempo.

Recuerda

SI ERES CAPAZ de actuar desde un estado afectuoso, eres compasivo. También fomentarás la conexión mágica que une a la humanidad.

Cada uno mostramos y expresamos amor a nuestra propia manera. La verdadera tarea espiritual es ser capaz de dar lo mejor de ti y ser afectuoso, a pesar de lo que te digan o te hagan. Cuando logras ser compasivo sin juzgar a nadie, estás encarnando la acción afectuosa al servicio de lo divino.

Querido Universo

Muéstrame cómo puedo ser más afectuoso en mi vida, sea hacia mí mismo o hacia mis seres queridos. Guíame para que recuerde que el poder del amor y de la compasión es lo que mantiene unido el tejido de la humanidad.
Ser afectuoso es mi estado natural.
Que así sea, así es.

6 AFORTUNADO

SE PODRÍA SOSTENER que la suerte no existe, que somos nosotros los que labramos nuestro destino y que nuestra vida se basa en un contrato sagrado que redactamos con El Universo antes de nacer. En mi opinión, el destino se puede cambiar por naturaleza. Se transforma, toma otro rumbo y se reestructura, dependiendo de cómo gestionamos nuestras emociones.

Recuerda

LA SUERTE NO es más que la energía activada de la abundancia y el conocimiento de que la situación auspiciosa fue orquestada por lo divino.

Una noche, mientras Sean y yo salíamos de un restaurante chino en Las Vegas para subirnos al coche y regresar a casa, oímos de pronto unas voces agresivas insultándonos desde el otro lado de la valla de una obra. Eran de un puñado de adolescentes camorristas. Me metí a toda prisa en el coche y Sean lo rodeó para entrar por la puerta del conductor. De súbito, oí un ruido parecido al de un disparo.

Los chicos le habían lanzado a Sean un ladrillo por encima de la valla. Le pasó rozándole el cráneo. Si le hubiera golpeado, le habría matado en el acto. Pero se estrelló contra una de las luces traseras del coche. ¿Te imaginas cómo me sentí en ese momento? Afortunada. Sentí que había tenido una suerte tremenda. El Universo no había permitido que el ladrillo impactara contra el cráneo de mi marido. ¿Fue un golpe de suerte o la intervención divina? Se parece a la pregunta de qué fue primero, si el huevo o la gallina.

La suerte y la intervención divina son lo mismo, la esencia de la gracia divina. Es la diosa de la Fortuna en su mejor momento, y la fuerza del Universo recordándonos que todo es posible.

Querido Universo

Ahora atraigo la buena suerte a cualquier área de mi realidad. Gracias por dejarme sintonizar con el fluir de la energía de las posibilidades ilimitadas.
Te agradezco profundamente todo lo bueno que hay en mi vida
y las condiciones favorables de las que gozo.
Que así sea, así es.

7 AGRADECIDO

¿ERES DE LOS que ven el vaso medio lleno o medio vacío? O a lo mejor no siempre lo ves del mismo modo. ¿Tiene todo siempre un lado bueno? Tener una «actitud de gratitud» en tu vida es una práctica sumamente espiritual que puede transformar la mayoría de las situaciones, por no decir todas.

Recuerda

TU PERCEPCIÓN ES la que en el fondo moldea tu realidad.

El Universo te traerá más cosas por las que sentirte agradecido si entrelazas el aprecio en tu práctica espiritual diaria. Hacerte un hueco para escribir a diario tres cosas que agradeces te vendrá de maravilla para ser más feliz en la vida.

Si ya sientes que siempre vas por la vida agradeciéndolo todo, ¡plásmalo en una hoja de papel! Intenta durante una semana llevar un diario de lo que agradeces en tu día a día y observa cómo te hace sentir esta práctica.

Hacer inventario de tu mayor o menor grado de agradecimiento es bueno para las relaciones, para tu cuenta bancaria y también para sentirte bien en tu piel. Al Universo le encanta que seamos agradecidos.

Querido Universo

Agradezco al máximo todo lo que hay en mi vida. Te doy mil gracias por la conexión que tengo contigo. Saber agradecer en mi corazón todo cuanto aparece en mi realidad es mi forma de mostrarte que confío en que velas por mí. Ayúdame a recordar en todo momento el poder de darte las gracias.
Haz que exprese siempre mi gratitud a las personas que me ayudan.
Y haz también que les muestre mi agradecimiento a mis seres queridos.
Que así sea, así es.

8 ALEGRE

NORMA TRABAJABA LIMPIANDO los lavabos en el casino Red Rock de Las Vegas. Como es de imaginar, los viernes y los sábados por la noche se topaba con un cúmulo de accidentes y de incidentes causados por las borracheras de los clientes que la obligaba a usar la fregona más de lo habitual. Su tarea consistía en mantener los lavabos impolutos a todas horas. Las mujeres entraban tambaleándose al lavabo y nunca se fijaban en Norma ni agradecían su labor, ya fuera reponer las toallas de papel para las manos, llenar el dispensador del jabón o vaciar los cubos de la basura. Sin embargo, si por casualidad te topabas con sus cálidos ojos, te recibía con una sonrisa de oreja a oreja, afectuosa y alegre, llena de gratitud.

Recuerda

AUNQUE ESTÉS EN un ambiente sumamente desagradable, siempre puedes decidir dirigir tu energía hacia la alegría.

Norma se sentía tan agradecida por tener un trabajo que siempre estaba contenta. Había vivido cinco años en una tienda de campaña en el centro de Las Vegas. Durante ese tiempo la atracaron en varias ocasiones, estuvo a punto de morir de una pulmonía, sufrió una deshidratación peligrosa en el calor del verano, perdió el contacto con sus hijos y nunca creyó que su vida fuera a cambiar o que llegara a gozar de estabilidad económica. Pero un día se postuló como candidata para un trabajo que vio en un periódico local y decidió darlo todo con una actitud alegre, decidida a arremangarse y a trabajar a destajo. A partir de entonces, mantener los lavabos del casino Red Rock limpios como una patena era lo que le daba sentido a su vida.

Norma se sintió tremendamente agradecida por la oportunidad de lograr salir adelante y estar al servicio de los demás.

Recuerda

MIENTRAS REFLEXIONAS SOBRE esta historia, pregúntate cómo puedes mantener un intercambio alegre con alguien a quien normalmente no tengas en cuenta, veas ni aprecies. Saluda y sonríele a la persona que limpia los lavabos, que escanea tus compras en el supermercado o que te lleva un paquete a casa. Tu amabilidad fomenta la alegría y se vuelve contagiosa.

Querido Universo

Permíteme ser alegre, sea cual sea mi situación en la vida. Sé que esta energía es contagiosa y que, además, es el vínculo común que nos une a los seres humanos. La alegría obra milagros y nos hace ver que somos sumamente afortunados por vivir en este momento actual.

Que así sea, así es.

ALINEADO

CUANDO DESEES SINTONIZAR con los objetivos, los sueños, los anhelos y los deseos que pretendes manifestar en tu realidad, el secreto está en alinear tu energía y tu vibración con lo que quieres. Significa que sintonizas con el campo energético de las posibilidades. Por ejemplo, en *El camino mágico de la intuición* de Florence Scovel Shinn, la autora afirma que, si deseamos atraer un millón de dólares, tenemos que sentirnos cómodos con un millón de dólares. Tenemos que sentir la situación para alinearnos con ella.

Una tarde, poco después de que Sean y yo nos mudáramos de Australia a Estados Unidos en 2015, decidimos que sería divertido ir a visitar una mansión de 7 millones de dólares que estaba en venta en nuestro barrio. Para impresionar a los posibles compradores, habían dejado un Lamborghini nuevo aparcado frente a la vivienda para que los visitantes se sacaran una foto montados sonrientes en él. De pronto, me topé con mi problema de poca autoestima. Podía enfrentarme a la situación llena de confianza en mí misma o decidir evitar la invitación de montarme en el Lamborghini.

¡No puedes subirte al coche, Sarah! ¡No eres lo bastante importante!

Decidí no prestar oídos a la voz en mi cabeza diciéndome que yo era tan poca cosa. En su lugar, me dije: «En nombre de la alineación, me sentaré en este coche personalizado de un millón de dólares y me sentiré digna de él».

Me subí al Lamborghini y descubrí que en realidad no había para tanto. Agradecí haber visto los beneficios de superar mis creencias limitadoras.

Recuerda

SEA CUAL SEA tu intención, tanto si es materializar un millón de dólares como un coche que cuesta una fortuna, como atraer a tu pareja o incluso encontrar la casa de alquiler perfecta, asegúrate de alinearte antes con la situación.

Querido Universo

Gracias por esta sensación maravillosa de alineación. Confío en que todo está en el lugar perfecto para empezar a manifestar mis objetivos, sueños, anhelos y deseos. Haz que afronte con alegría cualquier experiencia en mi periplo vital.

Que así sea, así es.

ALIVIADO

NADA HAY MÁS agradable que la sensación de alivio, sobre todo cuando nos sentimos incómodos, con picazón, con unas ganas irreprimibles de ir al lavabo o con la incertidumbre sobre el desenlace de una situación. La sensación de alivio suele ir unida al pensamiento de que, después de todo, quizá la situación no era tan horrible o difícil cómo creíamos.

Recuerda

SI SIENTES UN gran alivio, dale las gracias al Universo por haberte apoyado en tu viaje con un resultado favorable. La gratitud por «lo ocurrido» transformará tu experiencia de alivio en un recuerdo importante.

En 2014, tras haber perdido en ocho meses a cinco bebés en mis distintos embarazos, volvía a estar embarazada de cinco semanas. Una tarde empecé a manifestar y sentir todos los síntomas de que el embarazo iba a terminar mal otra vez. Sean me llevó a urgencias. A veces cuando vas al hospital tienes que esperar un montón de horas antes de que te atienda el médico a pesar de encontrarte fatal. La espera se hace eterna, y las revistas sobadas de la sala de espera están repletas de historias felices de famosas con bebés, lo cual es como si te metieran el dedo en la llaga.

Al cabo de varias horas Sean tuvo que ir a recoger a los niños al colegio. Yo me sentía bien y le dije que sabía lo que me esperaba y que todo iría sobre ruedas.

Transcurrió otra hora más y decidí sacar el móvil y enviarle un mensaje de texto a mi bebé. Era para intentar calmarme y conseguir que mi corazón entrara en un estado en el que se abriera a todas las posibilidades. Le escribí:

Todo va a salir bien. Te quiero. Cuídate. Te doy las gracias. Y también se las doy al Universo, pase lo que pase. Es un honor para mí llevarte en mi seno. Ocurra lo que ocurra, estoy aquí, estoy bien y tú estás a salvo.

De pronto, el médico dijo mi nombre para que fuera a hacerme un escáner abdominal. En la pantalla apareció una preciosa alubita con unos latidos vigorosos y saludables a las cinco semanas y tres días de gestación. Ver la fuerza vital en acción me produjo un delicioso alivio. Me sentí profundamente enamorada de esos latidos diminutos, y el día en que Lulu Dawn nació, me sentí más aliviada aún al tenerla por fin sana y salva en mis brazos en casa.

Pídele al Universo que te ayude cuando lo necesites. La manera más rápida de librarte del miedo y de la ansiedad es aceptar que todo está bien, sea cual sea el resultado. Todo te irá bien.

Querido Universo

Gracias por esta experiencia. Ayúdame a recurrir a la energía del alivio al recordar que puedo elegir cómo deseo dirigir mi energía. Decido aceptar el amor y superar el miedo. Esto me produce una sensación de calma y de alivio.
Que así sea, así es.

ALTRUISTA

ECHAR UNA MANO a los demás sin esperar nada a cambio es de las cosas más hermosas que hay en la vida. El altruismo no es fácil de practicar y, definitivamente, no está hecho para los pusilánimes. Cuando nos dedicamos y entregamos por entero a cuidar a otro ser humano, esto es un acto de altruismo.

Los padres de un recién nacido entienden la verdadera naturaleza del altruismo cuando en medio de la noche tienen que levantarse varias veces de la cama para amamantar a su bebé o cambiarle los pañales. Su vida entonces ya no les pertenece, el puro amor incondicional que sienten por otro ser les empuja a ocuparse de él hasta tal extremo.

Recuerda

LA ENERGÍA QUE pones en un acto de servicio es esencial.

Si deseas ser más altruista, busca cómo puedes colaborar más con tu familia o con la comunidad de tu vecindario.

Dallyce, una amiga mía, me dijo en una ocasión que su proyecto secreto era recoger la basura que encontraba en la playa. Este altruismo creativo es de lo más inspirador. Cuidadores, enfermeros, padres y personas de buen corazón están contribuyendo en la energía maravillosa del planeta al tener en cuenta a los demás en lugar de pensar solo en sí mismos. Recuerdo cuando Sean entró corriendo a casa hace unos años y agarró un par de sus calcetines más gruesos para dárselos a un indigente que había visto en una esquina. Pensar en lo duro que sería vivir en las calles de Las Vegas en invierno con los pies helados de frío le empujó a ayudar a aquella persona. La compasión es la fuerza vital de la humanidad. Cuando recordamos que todos estamos juntos en esto, no nos lo pensamos dos veces a la hora de hacer un acto desinteresado para otro ser humano.

Querido Universo

Ayúdame a encarnar la verdadera esencia del altruismo. Haz que no realice un acto de bondad para ponerme medallas y contárselo a alguien (o colgarlo en Instagram), sino para reconocer en mi interior que estoy colaborando con mi granito de arena en el entramado de la bondad humana.

Que así sea, así es.

12 AMABLE

DESPUÉS DE 29 años de casada, Mary se acostó con Keith, un chico vecino suyo mucho más joven que ella. Antonio, el marido de Mary, se sintió como si le estuvieran restregando la situación por las narices. Veía al otro lado de la valla a la pareja alardeando de su tórrida relación. Y un día, de pronto, Mary los dejó a los dos y se mudó a otro Estado. Antonio sintió el dolor lacerante del engaño y Keith se sintió utilizado. Los dos no se conocían de nada.

A las pocas semanas de la partida de Mary, Antonio oyó que alguien llamaba a la puerta de su casa. Era Keith, que le dijo que el agua caliente de su casa no funcionaba y quería saber si sus vecinos tenían el mismo problema.

«Puedes usar el agua caliente de mi casa si la necesitas. Yo sí tengo», le contestó Antonio.

Esta historia quizá te parezca que no tiene nada de especial, pero la he contado para ilustrar que incluso podemos ser amables en las situaciones más estrambóticas.

Recuerda

CUANTO MENOS JUZGUES a la gente y más superes las heridas y la animosidad del pasado, más amable podrás ser cuando se presente la ocasión, aunque se trate de serlo con un desconocido que se acostó con tu mujer.

Cuando estás dispuesto a ser amable, el Universo encuentra la manera de hacer que lo pongas en práctica...

Querido Universo

¿Cómo puedo hoy echar una mano a alguien?
¿Cómo puedo ayudar a inspirar a los demás por medio de tu gracia divina?
Que así sea, así es.

13 AMADO

¿QUÉ TE HACE sentir amado? Cuando te aman, el mundo entero parece un lugar más cálido, donde no te sientes solo.

Recuerda

EL UNIVERSO ADORA quién eres ahora y en quién te convertirás. Te ama y te aprecia con locura.

Ser capaz de recibir amor es vital. Cuando empiezas una relación, sea del tipo que sea, se convierte en un sistema de apoyo mutuo. Exige sustento, equilibrio y la sensibilidad especial de saber cuándo ayudar a resolver un problema frente a cuándo ofrecer un apoyo absoluto e incondicional.

Ser amado significa que te has expresado bien en tu lenguaje del amor deseado. Por ejemplo, a mí me encantan las flores frescas. En nuestro octavo aniversario, Sean, mi alma gemela, me sorprendió regalándome dos ramos de rosas y una orquídea en un tiesto para celebrarlo. En realidad, me compra una orquídea cada varias semanas porque sabe que este detalle me hace sentir amada. ¡También me siento amada cuando me prepara un café o me dice lo bonita que estoy por la mañana con el pelo revuelto!

Una de las preguntas más poderosas que puedes hacerte es qué puedes realizar para que alguien que te importa se sienta amado. ¿Cómo le puedes ayudar? ¿Cómo podéis conectar a un nivel más profundo?

También me gusta asegurarme de que mis hijos se sientan amados a diario. No pasa un día sin que los abrace o los bese, y sin que les dé las gracias por estar en mi vida. Amar y ser amado es la forma en que El Universo se expresa a través nuestro. Esto expande la conciencia del planeta y es el oxígeno metafísico que nos permite respirar a la humanidad.

Querido Universo

Me aman profundamente. Cuando recibo un gesto de amor sin ponerle trabas cada célula de mi ser siente una gran alegría. Además, me amo y me acepto por completo tal como soy. Soy digno de amar y de ser amado.
Que así sea, así es.

14 ANHELANTE

EL ANHELO TIENE dos formas. La primera es sentirte entusiasmado por estar esperando a que te ocurra algo especial en la vida. Y la segunda es estar impaciente, cuando toda tu energía está obsesionada por un determinado resultado. La primera tiene que ver con el fluir de las posibilidades y, en cambio, la otra es como crear tanta resistencia en tu vida como echar un ladrillo al váter y tirar de la cadena para que desaparezca por el sumidero.

Recuerda

SI ESTÁS ESPERANDO algo lleno de entusiasmo, le estás enviando con claridad al Universo el mensaje de que has creado el espacio energético necesario para hacer realidad tus sueños y deseos.

Echa una mirada atrás por un momento...

¿Te despertabas de pequeño muy temprano el día de Navidad o de los Reyes Magos? ¿O quizá la mañana de tu cumpleaños? ¿Te costaba incluso dormirte por estar esperando ilusionado a que llegara el día señalado? Esta es la magia del anhelo.

Cada día es una oportunidad para esperar milagros y sentir la sensación mágica del anhelo. Aunque tómatelo con calma, ya que, como dice el refrán, el que espera, desespera.

Deja que la energía del anhelo sea como un montón de mariposas revoloteando en el estómago por estar deseando descubrir qué es lo que El Universo te traerá muy pronto a tu realidad.

Querido Universo

Anhelo manifestar más magia en mi vida. Confío en que mis sueños y mis deseos se harán realidad en el momento divino perfecto. Siento, como si fuera un niño, la poderosa chispa de esperar ilusionado lo que se está creando en mi realidad y está a punto de manifestarse.

Que así sea, así es.

MI MADRE ME contó que después de traerme al mundo deseaba adelgazar lo antes posible. Me dijo que apenas comía y que fumaba como un carretero. Salía a correr varias horas seguidas al día, hasta que acabó sufriendo un pequeño derrame cerebral por el exceso de ejercicio. Una mujer debe tomarse con calma la etapa posterior al embarazo. ¡Y no someterse a ninguno de esos castigos absurdos y disparatados que mi madre se infligió!

La poca apacibilidad de mi madre consigo misma me acabó afectando. A las cuatro semanas de haber traído al mundo a Thomas, mi hijo, descubrí mientras estaba sentada en el suelo con las piernas cruzadas que tenía celulitis en los muslos. Entonces, en lugar de tomarme con calma mi recuperación, empecé a machacarme en mis pensamientos y a maltratarme.

Recuerda

SÉ APACIBLE CONTIGO mismo y deja de creer que no das la talla.

Cuando desees manifestar una actitud más apacible en tu vida, pasa un tiempo con algún bebé. Tanto si tienes hijos pequeños como si deseas ver a una cría de oso panda en el zoo o a un puñado de patitos recién nacidos, observa cómo manifiestas siempre la energía de la dulzura en esta clase de situaciones y trátate con la misma suavidad. Es importante aprender a hacerlo. Ser compasivo y dulce contigo mismo es uno de los componentes esenciales de tu caja de herramientas para cuidarte.

Querido Universo

Haz que me trate con dulzura y que haga un alto al fuego en mi mente en el que mis pensamientos dejen de dictar cómo creen que yo debería ser. Doy la talla. Soy una persona apacible. Soy bueno con los demás y conmigo mismo. Elijo mis palabras desde un estado empoderado.

Que así sea, así es.

16 APASIONADO

¿QUÉ TE ENTUSIASMA? ¿Qué te anima por dentro y te inspira a actuar? La pasión es una energía tangible que nos lleva a crear cosas maravillosas y a vivir grandes experiencias. Cuando sientes pasión por algo estás increíblemente presente en ello. Te sumerges de lleno en la esencia de la alegría, el amor y la motivación. La pasión es el carburante para tu estado emocional que te empuja a seguir adelante. Te impulsa a alcanzar el resultado que tanto anhelas en tu corazón. Tanto si se trata de activismo espiritual como de arte, hacer el amor, poesía o lograr que tus ideas sean oídas por una persona o por el mundo entero, el concepto de la pasión es realmente la esencia de la energía divina en acción.

Recuerda

SOLO TÚ PUEDES definir qué te apasiona. Decidir encauzar tu energía hacia lo que sabes que creará cambios poderosos es un don maravilloso.

Me encantan la energía y la pasión de quienes se comprometen a cambiar la situación de las personas que están sufriendo. Cuando la pasión va unida al servicio, saca lo mejor de la humanidad. Nos muestra que cuando nos unimos podemos conseguir cualquier cosa que nos propongamos con la mente y el corazón. La pasión siempre aviva las llamas para crear cambios radicales y significativos. Si deseas sentir y tener más pasión en tu vida, pregúntate cómo puedes ser de utilidad y qué causa estás dispuesto a apoyar. ¿Cuáles son tus valores? ¿Cómo puedes ayudar a los demás a sentir la energía de la pasión? ¿Qué proyecto te apasiona en tu vida? ¿Cómo puede El Universo apoyarte en él?

Querido Universo

Haz que la energía de la pasión se manifieste en mi realidad para
que me sienta inspirado a crear algo mágico en mi vida y en las de los demás.
Ayúdame a sentirme motivado por la energía de la pasión y a abrir mi corazón
a todas las posibilidades.
Que así sea, así es.

17 APOYADO

CUANDO TUS SERES queridos apoyan tus metas, sueños, anhelos y deseos, te ayudan a que tu energía se mantenga en el camino inspirado.

Recuerda

EL UNIVERSO SIEMPRE está ahí para apoyarte en tu viaje.

Siempre te apoyará si actúas de manera consecuente e inspirada. Es como si dispusieras de una red de protección increíble en el momento en que la necesites sin ser juzgado. Dejas que El Universo te apoye según el grado en que permites que los demás te ayuden. Si aceptas que te echen una mano, puedes sumergirte en el fluir de las posibilidades infinitas.

Cuando Louise quiso divorciarse de Tony, los trámites de la solicitud de divorcio costaban 750 dólares, una cantidad de la que no disponía en aquel momento. Louise estaba decidida a separarse y quería hacerlo de forma oficial, pero no sabía cómo reunir el dinero tan deprisa como deseaba. Sin embargo, en su mente le indicó al Universo con claridad la intención de manifestar el dinero en una semana.

Cantaba en su corazón: «Le pido al viento que me traiga dinero en un momento. Le pido al viento que me traiga dinero en un momento».

Siete días más tarde le ofrecieron justo la cantidad de 750 dólares por ilustrar un libro infantil. Cuando sabes con claridad aquello que deseas y dejas que El Universo te apoye, se manifiesta fácilmente en tu vida si no opones resistencia.

Querido Universo

Sé que me apoyas plenamente en mi viaje para que manifieste lo que sea necesario en mi vida. Permíteme recibir apoyo, guía, sabiduría y señales en mi camino para que me ayuden a seguir con firmeza en esta aventura. Ayúdame también a apoyar a mis seres queridos y a mis amigos de la mejor forma posible. Sé que la energía del apoyo y del servicio me hace estar en sintonía con el fluir de la sabiduría infinita.

Que así sea, así es.

18 APRECIADO

MANIFESTAR LA ENERGÍA del aprecio es importante, produce una alegría inmensa. Sentir que los demás no nos aprecian o no nos valoran es muy desagradable. Pero para sentirte apreciado tienes que preguntarte con absoluta sinceridad si estás enriqueciendo la vida de los demás. ¿Eres valioso? ¿Eres servicial? ¿Estás arrimando el hombro?

El Universo entero se basa en un sistema de intenciones y de respuestas. Significa que le enviamos una petición en forma de energía (vibración) y luego El Universo, a modo de espejo, nos la refleja (manifestación) en nuestra realidad. A nivel personal, puede ser complicado calibrar hasta qué punto te valoran las personas que te rodean si no se preocupan de agradecerte tus esfuerzos. En mi caso, les he enseñado a mis cuatro hijos a decir «gracias» cuando alguien hace algo por ellos. Se toman el tiempo para agradecérselo, mirándole a los ojos. El verdadero significado de «valorar» a alguien es reconocer el intercambio de energía que se ha dado.

Recuerda

VALÓRATE ANTES QUE nada a ti. No te olvides también de apreciar a los demás por el valor de las contribuciones que han hecho en tu vida. La expresión de aprecio es un sistema de apoyo mutuo.

Ver que los demás aprecian lo que has hecho es esencial, pero no puedes exigirles que te lo agradezcan. Cuando de verdad deseas ayudar y apoyar a la gente lo mejor posible, confías en que la energía que pones siempre volverá a ti.

Querido Universo

Te pido que me sienta apreciado por mis amigos, mis compañeros de trabajo y mis seres queridos. Haz que me preocupe en agradecerles su apoyo en mi vida y que me dedique con regularidad a agradecer su presencia en ella. Sentirme apreciado me motiva a dar lo mejor de mí.

Que así sea, así es.

AQUIETADO

LA VERDADERA SENSACIÓN de quietud es exquisita. Cuando se da, todo lo que hay en tu mundo te produce calma y serenidad, y confías en que El Universo apoya tus intenciones en todos los sentidos. Si echas la mirada atrás para recordar un momento de tu vida en el que sentiste una quietud extrema, tendrás un delicioso espacio al que retirarte cuando necesites un momento de paz en tu vida.

Recuerda

LA QUIETUD ES la pura presencia y conexión con El Universo. Cuanto más entretejida esté la quietud en tu vida como un ritual diario, de más armonía gozarás.

En mi caso, me imagino la propiedad de cuatro hectáreas en Red Hill, donde pasé la mayor parte de mi niñez y adolescencia, de los 8 a los 18 años. En la pequeña granja de mis padres había una terraza y un estudio que daban a los árboles frutales, las rosas, los tirabeques y los verdes prados cubiertos de hierba. Solía sentarme en la rama de un manzano a leer un libro. Cuando me entraba hambre, alargaba simplemente la mano y me comía una manzana crujiente y fresca del árbol. Al atardecer, cuando el sol estaba a punto de ponerse, me quedaba mirando los cerezos y apreciaba la quietud que reinaba en el ambiente. Contemplaba los pétalos rosados de las flores de cerezo arrastrados por la brisa. Me preguntaba qué aventuras viviría en mi vida, quién sería mi pareja, si tendría hijos y en quién llegaría a convertirme. En aquellos momentos sabía que un día recordaría la quietud que reinaba en ese lugar, y mis pensamientos indagadores y silenciosos, y que además me sorprendería hasta qué punto mi vida había cambiado desde que había vivido esos deliciosos momentos de quietud.

Siente curiosidad por tu espacio interior de quietud. Conocer este estado te permitirá mantener una conversación muy auténtica y real con El Universo.

Querido Universo

Encarno la esencia de la quietud en mi vida cotidiana.
Sé que, cuanto más me dedico a cultivar la energía de la quietud
y a bajar el ritmo en mi día a día para conectar con el momento presente,
más estoy propiciando la magia de las posibilidades.
Que así sea, así es.

20 ATENTO

CUANDO DESEAS MANIFESTAR la energía de la amabilidad, es importante ser creativo en tu mente. Otro elemento a tener en cuenta es si estás o no suponiendo algo y si tu gesto de amabilidad será bien recibido. En una ocasión, un tipo me dijo en la estafeta de correos que deseaba abrirme caballerosamente la puerta pero que no sabía si yo era o no una «feminista» y si su gesto me ofendería. ¿Ves el riesgo de hacer suposiciones? Le respondí que a mí me gustaba abrirle la puerta a cualquier persona, fuera hombre o mujer, porque era un acto de bondad.

Recuerda

SER ATENTO CON alguien es hacerle la vida un poco más fácil. Le estás prestando un servicio para que la labor del Universo fluya a través de ti.

Dicen que Dios está en los detalles. No hay mejor forma de demostrarlo que con gestos de amabilidad, con independencia de lo pequeños o grandes que sean. Mostrarte simplemente más atento y amable con tu pareja fortalece vuestra relación. Los gestos de amabilidad pueden consistir tan solo en llevarle un vaso de agua antes de que se acueste, en sujetarle la puerta a un desconocido o en prepararle una comida a una familia con un recién nacido. Entregarnos de lleno al arte de la amabilidad nos permite sentirnos de maravilla, y puede llegar a hacer grandes milagros en la vida.

Querido Universo

Condúceme a un camino inspirado que me permita ser más atento en mi vida. ¿Cómo puedo tener gestos creativos de amabilidad para ayudar a mis amigos, a mis seres queridos y a los desconocidos? Guíame y yo te seguiré gustoso.
Que así sea, así es.

BELLO

¡ERES TAN BELLA persona! Un ser único por dentro y por fuera. Es sumamente importante que te sientas bello por dentro. La belleza interior es vital, porque el mundo exterior está plagado de frialdad, vacuidad, insustancialidad y falsedades. No tienes por qué dejarte llevar por el engaño de una belleza retocada, photoshopeada y cuidadosamente preservada. Si estás leyendo estas palabras, sé que sabes a lo que me refiero. Somos almas hermosas que irradian una forma material bella. La estupenda noticia es que puedes definir lo que es bello en tus propios términos. Defectos, cicatrices, arrugas, pecas, hoyuelos y todo lo demás. Si dudas de tu belleza, imagínate por un momento cómo te verías a través de los ojos del Universo. ¿Qué es lo que ves? Eres un ser perfecto. Mírate al espejo y repite lo hermoso que eres, porque tu espíritu decidió estar aquí con nosotros, jugando en este parque infantil tan divertido al que llamamos «vida» en este momento de la historia. Tienes muchas cosas por las que estar agradecido.

Si te cuesta aceptar tu propia belleza, procura no desear que algunos aspectos tuyos sean distintos, porque cuando lo haces estás creando una resistencia energética en tu vida. Estás bloqueando de manera literal el fluir de tu energía e impides que se manifieste.

Recuerda

LA ACEPTACIÓN Y la confianza en uno mismo son esenciales para la belleza.

Haz que tu meditación sea celebrar tu propia belleza:

Querido Universo

Gracias por el regalo de mi ser. Así como no hay dos copos de nieve idénticos, celebro mi singularidad. Ayúdame a inspirar a otras personas a expresar su propia esencia de la belleza en la vida.

Que así sea, así es.

BIENVENIDO

NO HAY NADA más delicioso que sentir que los tuyos y tus amigos se alegran de verte. Los padres que van a tener un hijo se pasan meses preparando la llegada del bebé para que se sienta amado y acogido en su nuevo hogar. Cuando un miembro de la familia regresa a casa después de un viaje, se le suele recibir con carteles de «BIENVENIDO A CASA».

Recuerda

HACER QUE OTROS se sientan bienvenidos en tu vida o en tu hogar es una forma maravillosa de fortalecer las amistades y las relaciones. Nos abre el corazón y crea el espacio para que se manifieste la amabilidad.

En Estados Unidos, cuando alguien dice «gracias», la otra persona responde «ha sido un placer». Tardé mucho tiempo en sentirme a gusto con esta expresión. En Australia, cuando alguien nos da las gracias, no le respondemos nada, o le decimos simplemente: «de nada», o «no hay de qué», o «no te preocupes». Cuando me mudé a Las Vegas por primera vez, oír a la gente decir «ha sido un placer» me parecía una falsedad. Pero ahora lo veo como una parte vital de la cultura americana. Es el cierre de un ciclo de intercambio de amabilidad. Dar la bienvenida a los demás es un gesto de hospitalidad, y el mundo siempre necesita una mayor cantidad de esta clase de energía.

Querido Universo

Haz que me sienta acogido allí donde vaya y que los demás también se sientan bienvenidos en mi hogar y en mi compañía. Esta actitud acogedora me permite conectar con mis semejantes. Gracias, Universo, por hacerme comprender que he de incluir a los demás en mi vida. Me alimenta el corazón y me hace sentir de maravilla.
Que así sea, así es.

23 BRILLANTE

SINTONIZA CON LA energía de tu propia brillantez, todos la tenemos en nuestro interior. Dentro de ti hay una sabiduría y una guía infinitas a las que puedes acceder. Solo tienes que creer y recordar que puedes alcanzar cualquier cosa que te propongas con la mente y el corazón. Reflexiona sobre ello un momento. ¿Cómo pudo componer Beethoven unas piezas musicales tan famosas siendo sordo? ¿Cómo pudo Frida Kahlo recuperarse de un accidente de autobús casi mortal y seguir creando unas obras de arte tan emblemáticas? ¿Cómo es que el manuscrito que J. K. Rowling envió a tantas editoriales fue rechazado antes de que las novelas de Harry Potter acabaran convirtiéndose en uno de los superventas más notorios de todos los tiempos? Se debe a que quienes alcanzan un gran éxito en la vida creen en su propia brillantez. No es necesario que sea un acto ostentoso de engreimiento, basta simplemente con una chispita de inspiración en tu corazón que te recuerda que eres una persona valiosa.

Recuerda

LAS IDEAS TRANSFORMADORAS que cambian el paisaje de la humanidad suelen ser «recibidas» o «bajadas» del Universo.

Ábrete para manifestar tu brillantez al fijarte en tus sueños, cultivar tu intuición y confiar en que aparecerán las circunstancias adecuadas para apoyar tus intenciones.

Emplea esta meditación para sacar la esencia de tu brillantez:

Querido Universo

Abre mi corazón y mi mente para que reciba la esencia de mi brillantez única. Haz que se manifieste con claridad, especificidad y progresión para actuar de forma inspiradora cuando sea el momento de hacerlo.

Que así sea, así es.

CALMADO

CUANDO MANIFIESTAS UN estado de calma, al margen de lo que la realidad te depare, ganas la partida. Tu misión (si decides aceptarla) es aprender a mantener la calma en el ojo del huracán. La vida puede darte un mazazo de cualquier forma, y cuando sabes recuperar la calma puedes ir, en un instante, a un espacio interior feliz y disfrutar de una sensación de paz interior y tranquilidad. La forma más rápida y fácil de hacerlo es a través de la meditación.

Puedes adiestrar tu mente para mantener la calma cuando te enfrentes a situaciones difíciles.

Recuerda

CUANTO MÁS INTEGRES la meditación en tu práctica espiritual diaria, más capaz serás de mantener la calma y seguir adelante.

Si deseas crear la energía de la tranquilidad y la calma en tu interior, tómate un momento para visualizar lo siguiente:

Querido Universo

Visualizo en mi mente que estoy ahora sentado en los jardines
de la meditación con vistas al mar. Siento los cálidos rayos del sol en mi piel.
El aire es fresco y la brisa marina me trae el dulce aroma de las flores
de jazmín. Todo está bien, y mi corazón se siente feliz y satisfecho.
Grabo esta sensación de quietud y calma en mi subconsciente.
En cualquier momento puedo ir a meditar a este espacio interior
y reflexionar desde un estado compasivo en lugar de reactivo.
Te agradezco esta paz que hay en mi vida.
Que así sea, así es.

COMPASIVO

TODO EL MUNDO necesita practicar la compasión en su vida lo máximo posible. En las relaciones, la compasión por lo que tu pareja siente es el secreto para una unión duradera y feliz. También necesitamos cultivar más la autocompasión y dejar de ser tan extremadamente duros con nosotros mismos por las razones más absurdas.

Recuerda

SI PUEDES SENTIR más compasión en tu corazón por otra persona o por ti e ir más allá de las etiquetas de lo «bueno» o lo «malo», estarás filtrando tu experiencia con los ojos del Universo. Es una actitud realmente transformadora.

En una ocasión le sostuve la mano a un recluso acusado de abusar sexualmente de menores pocos días antes de que muriera. Como no podía hablar, solo se comunicaba con los ojos. Yo no conocía los detalles de sus fechorías, pero sentí compasión por el proceso de morir desde un estado que estaba más allá de sus acciones imperdonables. Nunca olvidaré el miedo en sus ojos. Cuando estuve con él procuré sentir la mayor compasión. Sin duda me costó lo mío, pero me enseñó una lección muy valiosa.

La verdadera compasión no se puede reservar solo para quienes crees que se la merecen. Cuando crees de veras en el poder transformador de la compasión, confías en que la energía que inviertes siempre volverá a ti. La compasión, en lugar de los juicios de valor, es el estado de donde surge una gran fuerza espiritual.

Querido Universo

¿Cómo puedo ser más compasivo en este momento? Muéstrame formas de ver más allá de mis juicios de valor para enviar la energía del amor y la curación a los que lo necesiten. Esto me permite superar la energía de lo malo y dejar de alimentarla. Haz que mi toma de conciencia favorezca la curación.
Que así sea, así es.

26 CONCENTRADO

HAY MUCHOS MOMENTOS en nuestra vida en los que necesitamos la energía de la concentración. Tanto si estudias para un examen como si estás a punto de examinarte para sacarte el carné de conducir o jugando a un juego en Internet, en el que tienes que estar muy atento para que no suene la alarma, en esos momentos es cuando la concentración es tu amiga. Sin embargo, en la sociedad actual nuestra atención cada vez dura menos. Hacer varias cosas a la vez cuando necesitamos concentrarnos es muy pernicioso para el cerebro. Si estás intentando escribir un ensayo para tu tarea de psicología y escuchas, al mismo tiempo, Spotify y miras a ratos las noticias de Instagram en el móvil, no te podrás concentrar.

Recuerda

ALLÍ DONDE PONES la atención, pones la energía.

¿En qué estás ahora concentrado? ¿En qué te concentras la mayor parte del tiempo? ¿Eres capaz de poner toda tu atención en una tarea o te cuesta estar quieto y absorber la información? Si perfeccionas el arte de la concentración, podrás crear y construir algo importante en tu vida.

Si tienes problemas para concentrarte, evita los estimulantes como el azúcar y el café. Conecta también con El Universo y pídele que te apoye y te guíe para que no pierdas de vista tu objetivo y canalices tu energía.

Querido Universo

Ayúdame a personificar la base de la concentración.
Haz que realice la tarea que necesito terminar de modo que aumente mi capacidad para concentrarme claramente en lo que deseo alcanzar.
Ayúdame a no apartar los ojos de mi meta.
Que así sea, así es.

CONECTADO

HAY DOS FORMAS maravillosas de sentirte conectado. La primera es sentirte conectado con El Universo, que constituye la profunda chispa de magia y asombro que te recuerda que formas parte de todo. Y la segunda es sentirte conectado con los tuyos. De cualquiera de las maneras, es una sensación fabulosa que te asegura que alimentas a quien realmente eres al nivel del alma.

Cuando te sientes conectado, la inspiración fluye a través de ti para crear ideas, experiencias y aventuras nuevas en tu vida.

Recuerda

PARA SENTIRTE CONECTADO, deja el espacio para que se establezca la conexión en tu vida.

Las amistades son esenciales para desarrollar y sustentar la sensación de bienestar. Aunque no me estoy refiriendo a los amigos de las «redes sociales», sino a olvidarte de las pantallas de móviles y ordenadores y quedar con tus amigos a tomar un té o un café. El nuevo mundo de las redes sociales ha hecho que mucha gente se sienta aislada, sola y desconectada. Los seres humanos necesitamos relacionarnos para sentirnos llenos de energía y de fuerza.

Saca tu diario y escribe los nombres de tres personas con las que hace tiempo que no quedas y que deseas ver, para conectar con ellas esta semana. Medita ahora sobre dejar que fluya más conexión en tu realidad actual...

Querido Universo

Gracias por los seres queridos y los amigos maravillosos, solidarios, divertidos, inteligentes y estupendos que hay en mi vida.

Ahora convoco la energía de las posibilidades ilimitadas para activar la magia de la conexión. Estoy listo para vivir aventuras nuevas y excitantes, conocer a gente nueva y conectar de verdad con tantas almas gemelas como me sea posible.

Que así sea, así es.

LA CONFIANZA ES una sensación maravillosa. Cuando confías plenamente en una persona, en una situación o en El Universo, la vida fluye con más liviandad para ti. En cambio, cuando desconfías o basas tu situación actual en ecos del pasado, sufres.

Recuerda

SI NO CONFÍAS en los demás, no confías en El Universo. Es como negarte a invertir en tu bienestar. Confiar profundamente en que todo cuanto te ocurre es para un mayor bien te ayudará a vivir cualquier faceta de tu vida con inspiración.

Como le ocurrió, por ejemplo, a Elvie. Vivía con *Roy*, su gato, en un piso pequeño en Nueva Zelanda. Le había puesto, afectuosamente, el mismo nombre de su difunto esposo, fallecido en la Segunda Guerra Mundial. Elvie era una señora optimista que siempre elegía ver el lado bueno de la gente a pesar de la tragedia de haber perdido a *Roy*, el amor de su vida. Siempre veía la parte positiva de la vida, pero raras veces se aventuraba a salir de su mundo para probar cosas nuevas y conocer a gente nueva.

Una tarde, al abrir el buzón, descubrió varios cupones de lotería rasca y gana que le envió una gran compañía. Cuando rascó las tres casillas de uno, leyó: «HA GANADO 250.000 DÓLARES». Elvie se quedó estupefacta. Entusiasmada, llamó enseguida al número de información que aparecía en el cupón para comunicarles que le había tocado un premio. La operadora le indicó que le facilitara su número de cuenta bancaria para ingresarle con placer el dinero que había ganado.

Es fácil imaginar lo que le ocurrió después. Elvie les dio los detalles de su cuenta bancaria y, a los siete días, le habían desaparecido los 20.000 dólares que le quedaban de sus ahorros. Era un timo.

Elvie decidió no perder la fe en la humanidad aunque le hubieran estafado. Disponía de otras inversiones con las que reemplazar el dinero perdido. Sin embargo, decidió tomar el buen camino del conocimiento y contrató a un abogado para que investigara la operación y denunciara a la compañía. Así fue como conoció a James, su nuevo marido. De no haber sido víctima de una estafa, no habría conocido a su nuevo amor al no salir nunca de su zona de confort. Elvie dejó que triunfara en su vida la esencia de confiar en El Universo.

Querido Universo

Permíteme confiar plenamente en las circunstancias que me presenta la vida. Ayúdame a confiar por completo en que todo lo que estoy viviendo ahora me está preparando para lo que mi alma ha pedido.
Que así sea, así es.

CONSAGRADO

CUANDO TE CONSAGRAS a algo, tu corazón está totalmente abierto y tu alma es feliz. Conectas con el fluir divino de las posibilidades ilimitadas en tu vida y sientes un gran respeto por la energía que todo lo anima y que existe desde los albores del tiempo.

La consagración no es exclusiva de la fe y la religión. Puedes estar dedicado a tu familia, a tu trabajo y a causas que te apasionan. El activismo espiritual es el componente básico de la activación de la consagración.

Recuerda

ENTREGARTE CON FERVOR a algo es una profunda vocación y una misión en tu alma para dedicarte a un bien mayor.

La consagración va más allá del ego o de objetivos personales, es la celebración de los milagros mágicos y del poder del amor manifestándose en tu realidad.

Puedes mostrarle tu devoción al Universo por medio de la oración, la meditación, el servicio, los actos de amor, la bondad, la compasión, la expresión de tu opinión y el conocimiento de que todos hemos sido creados del mismo polvo mágico de estrellas.

Querido Universo

¿Cómo puedo rendirte homenaje? ¿Cómo puedo servirte? Muéstrame de qué formas puedo expresar mi gran deseo de respetar nuestra conexión sublime del modo más auténtico y puro. Mi vida es un regalo y una bendición, pero si no siento devoción por la energía de todo cuanto existe, carecerá de sentido. Haz que mi amor y mi veneración sean la profunda luz que me haga recordar de dónde vengo y a dónde regresaré un día.

Que así sea, así es.

CONSCIENTE

SCOTT DEMOULIN, UNO de mis más queridos amigos y consejeros, enseña la siguiente perla de sabiduría a sus clientes y alumnos de todo el mundo:

«La consciencia precede a la comprensión, la comprensión precede al cambio.»

Significa que nada cambiará nunca en tu vida a no ser que seas consciente de las razones por las que algo tiene que cambiar. Por ejemplo, los momentos de «Querido Universo» en los que pedimos ayuda ilustran esta toma de consciencia que predomina en nuestra experiencia.

A lo largo de la vida vamos sacando las distintas capas de la consciencia, como si peláramos una cebolla. Cada capa representa un nivel distinto de comprensión en un momento distinto de nuestra vida. Esto suele ir acompañado de una maduración física y de la acumulación de sabiduría procedente de nuestro cúmulo de vivencias.

Recuerda

CUANDO ERES REALMENTE consciente de algo, puedes descubrirte en un momento de autorrealización.

Recordamos la verdad sobre el hecho de que la espiritualidad y la consciencia no son una solución «para todo». Nuestra toma de consciencia surge al comprender que los seres humanos nunca lo sabemos todo y que nos encontramos realizando un viaje para aprender, crecer y cobrar consciencia de la realidad que nos están presentando.

Dedica unos minutos a esta meditación sobre la consciencia:

Querido Universo

Ayúdame a concentrarme en la respiración.
A ser consciente de mi fuerza vital. A saber cómo puedo mejorar mi vida.
A cobrar consciencia del momento presente.
Que así sea, así es.

CONTENTO

CUANDO ESTÁS CONTENTO es como si todo te fuera bien en tu mundo. No deseas o necesitas nada más para calificar una experiencia de «momento perfecto». Podemos sentirnos contentos de muchas distintas formas, como cuando ganamos una puntuación de palabra triple jugando al Scrabble, al reunir todas las monedas de Super Mario, al lograr sacarnos un trozo de alga pegado a la muela del fondo o cuando, de pronto, todo encaja por fin. La satisfacción es una delicia. Nos recuerda que en la vida no hay nada que dure para siempre, que todo es pasajero. Por eso tenemos que celebrar el instante en que podemos sacar en nuestra mente una instantánea de un momento perfecto.

Recuerda

LA SATISFACCIÓN SURGE cuando ya has tachado todos los elementos de tu lista de necesidades. Has alcanzado tus metas, has conseguido tus objetivos, tus reglas han sido respetadas y se están dando una alineación y una armonía maravillosas en tu vida.

Muchas personas dejan comentarios en blogs, en webs de tiendas y en otros lugares relacionados con la atención al cliente en los que les permiten expresar su insatisfacción con un producto o servicio. ¿Con cuánta frecuencia te preocupas en comentar que estás satisfecho de tu experiencia? ¿Lo has considerado alguna vez como un gesto de gratitud y has visto cómo esta energía volvía a ti? En las 24 horas siguientes, emprende la misión de expresar tu satisfacción y observa qué se manifiesta después en tu vida.

Querido Universo

Muéstrame momentos en los que pueda reconocer que me siento satisfecho y que todo parece estar alineado. Recuérdame que la gratitud es la prima hermana de la satisfacción, ya que cuantos más momentos de satisfacción advierta, más experiencias me ofrecerás en mi realidad para agradecer.

Que así sea, así es.

32 CREATIVO

LA CREATIVIDAD ES el modo en que la esencia divina del Universo se expresa a través de ti. Cuando eres creativo tus vibraciones suben de frecuencia, tienes más energía y dejas que se manifiesten en tu vida expresiones maravillosas de cualquier manera que desees.

Recuerda

SER CREATIVO TE alimenta el alma en muchos sentidos. Es la mejor forma de fomentar tu conexión con El Universo.

La energía creativa se puede manifestar a través del arte, la escritura, la música, las ideas, la cocina, la expresión emocional, el baile, el movimiento, la ingenuidad…, y la lista sigue.

Encuentra con tu propia creatividad tu forma perfecta de expresar quién eres en este momento de tu vida y no temas explorar medios y métodos nuevos.

A los 14 años se me ocurrió la idea luminosa de diseñar una línea de papel de regalo y enviársela a distintos fabricantes para ver si les interesaba mi propuesta. Me pasé dos semanas dibujando distintos modelos con rotuladores de vivos colores. Les presenté las copias en color de los modelos diseñados en muestrarios, acompañados cada uno de una carta de presentación elaborada meticulosamente. En la carta no mencionaba mi edad, pero para darme más importancia indicaba que también había enviado los modelos a otras compañías.

Tenía mis ilusiones puestas en Hallmark, pero se los envié a cinco compañías en total. Hallmark era la más importante y de mayor alcance. Después de enviarles mis propuestas por correo postal, esperé, y esperé, y esperé…

Durante ese tiempo visualicé que veía los modelos acabados de mis diseños en las estanterías de exposición de los grandes almacenes y lo orgullosa que me sentía por mis creaciones. Recuerdo claramente que sintonicé con la sensación. No era una cuestión de dinero, ni siquiera sabía cuánto me pagarían por diseñar papel de regalo o postales de felicitación. Cualquier cantidad sería bien recibida y, como estaba abierta a todas las posibilidades, la excitación que me producía la experiencia fue muy divertida.

¡De pronto, un día (después de un mes más o menos de espera), mi madre me dijo que una mujer de Hallmark llamaba por teléfono preguntando por mí! Querían reunirse conmigo para hablar sobre la creación de nuevos productos

para su línea de primavera. Unos meses más tarde, recibí un talón de miles de dólares por mis «diseños». Sentí una profunda sensación de logro y de orgullo por aquello que mi energía creativa había manifestado.

Al Universo le encanta jugar con la energía creativa. Pídele que esta energía magnífica de las posibilidades fluya a través de ti...

Querido Universo

Abro mi corazón al fluir de la pura energía creativa para que se manifieste en mi realidad. Ayúdame a que mis ideas salgan y procedan de fuentes divinas. Cada una de mis expresiones de creatividad me alimenta el alma y me alegra el corazón.
Que así sea, así es.

33 CURADO

TODOS NACEMOS CON el poder de curarnos a nosotros mismos tanto emocional como físicamente. El Universo creó tu cuerpo de tal forma que sea capaz de mantener la sensación de bienestar y equilibrio. La curación es tu estado natural, en el que te estás regenerando y creando miles de millones de células nuevas a cada momento. La curación implica superar las creencias limitadoras y ser consciente de que cualquier cosa es posible. Intentar curarte es una misión sagrada. Para muchas personas es una poderosa búsqueda espiritual de autoconocimiento a un nivel más profundo.

Recuerda

CUANDO NO TE encuentres bien, interprétalo como una llamada a recurrir a tu poder interior, y recuerda tomar el camino del bienestar con tus pensamientos, sentimientos y acciones.

Para curarte, sintoniza con el poder de tu corazón, usa afirmaciones que te empoderen y rodéate del apoyo necesario para salir adelante.

La visualización también es una herramienta increíblemente poderosa en el proceso curativo.

Cierra los ojos un momento e imagínate que estás rodeado de una vibrante luz dorada de color rosado. Esta luz entra en tu mente y cura tus emociones. Después entra en tu cuerpo y te cura los órganos, las células, la sangre y los huesos. A continuación, la luz dorada de color rosado impregna tu corazón y penetra por todos los rincones de tu ser, irradiando la energía de una salud estupenda y de bienestar. Haz esta visualización a diario y observa cómo te sientes.

Querido Universo

Me siento infinitamente agradecido por la salud y el bienestar que experimento en mi realidad. Gracias por curarme el cuerpo, la mente y el espíritu. Tengo la fuerza interior para tomar las mejores decisiones con los pensamientos que tengo, las palabras que digo, los sentimientos que siento y el alimento que le permito tomar a mi cuerpo.

Que así sea, así es.

 CURIOSO

«Hay muchas respuestas que ya has recibido,
pero que todavía no has oído.»
—HELEN SCHUCMAN, *UN CURSO DE MILAGROS*

MUCHAS PERSONAS CREEN que pueden demostrar lo inteligentes que son al dar y saber siempre las respuestas. Pero las increíblemente conscientes y listas saben que el grado de inteligencia se mide por las preguntas que formulamos. El gran secreto radica en asegurarnos de que las preguntas que hacemos sean muy inquisitivas y vengan de la curiosidad.

Recuerda

HAZ PREGUNTAS. HAZ muchas preguntas, y siente siempre curiosidad por la naturaleza de la realidad. Así es como tu conciencia se expande.

A algunas personas no les gusta hacer preguntas cuando no entienden algo. Temen dar la imagen de no ser tan listas como les gustaría parecer. Pero hacer preguntas nos permite madurar.

Cuando tienes un montón de preguntas profundas que deseas conocer, es una invitación para crecer. Pero ten en cuenta que algunas de las respuestas que oyes es posible que solo las entiendas en el momento oportuno.

Al Universo le encantan las almas curiosas. Le gusta juguetear con ellas.

Querido Universo

Revélame las respuestas a mis preguntas más candentes. Recuérdame el poder de hacer preguntas y de sentir curiosidad por la información que estoy buscando. Recuérdame también que debo explorar distintas fuentes de información y ser realmente objetivo con la información recibida. Hay muchos métodos y muchas maneras de llevarlo a cabo.
Que así sea, así es.

100 MINIMEDITACIONES PARA HACER TUYO EL AMOR

DEDICADO

SI TE DEDICAS a un proyecto, una misión, una persona o una causa, te encuentras en un estado maravilloso para manifestar algo poderoso en la vida.

Recuerda

SI NO SUPONE un reto para ti, no te cambiará.

Esta era la frase inspiradora escrita en letras grandes en negrita que colgaba de la pared del gimnasio de taekwondo al que iba mi hija Olivia. En este lugar no solo enseñan artes marciales, sino también cómo convertirse en jóvenes líderes llenos de confianza y dedicación. En mi calidad de madre, me senté en medio de la multitud animando a los niños y mirando los frutos de su dedicación y entrega.

En diversas ocasiones he visto las pruebas infantiles para pasar de cinturón. El instructor sostiene en alto un tablón y los alumnos tienen que partirlo de una patada. Si no lo consiguen, no reciben su nuevo cinturón. Algunos niños, por más que lo intentan, no consiguen romperlo. Normalmente puedo ver los signos visibles de angustia en sus caras: lágrimas, ojos llorosos, una mirada dirigida a sus padres en busca de consuelo, mejillas coloradas… Cuando por fin parten el tablón, todo el mundo lo celebra, los espectadores enloquecen de alegría. Pero si fracasan, reina un silencio pensativo. Lo maravilloso del caso es que entonces el instructor nos recuerda a todos el poder de la dedicación, y que el cinturón no define ni representa quiénes son. El aspecto más poderoso para recordar es la importancia de ir a clase con dedicación y ver la lección tal como es. Sea cual sea el tablón que estés afrontando en tu vida —ya sea superar una enfermedad, saldar una deuda o fijar unos límites con los seres queridos—, no olvides que, si te enfrentas a lo que te haya presentado la vida con tesón y la energía correcta, acabarás aprendiendo la lección.

Querido Universo

Permíteme dar lo mejor de mí con dedicación y entrega en mi vida. Muéstrame cómo puedo mejorar como persona. Te doy las gracias por las oportunidades para crecer y por la energía de la dedicación que me recuerdan que los retos son el secreto para cambiar.

Que así sea, así es.

36 DESCANSADO

CUANDO TE SIENTES descansado, sabes que estás en tu mejor momento. Estás listo para afrontar lo que sea que El Universo te envíe. El descanso y la relajación son elementos esenciales en tu rutina y tus rituales diarios para cuidarte.

Lo esencial es descubrir cuáles son las actividades o el apoyo necesario para que tu cuerpo se sienta más revitalizado. Tu bienestar físico, mental y espiritual aumentarán cuando dispongas del tiempo necesario para sumergirte en el momento presente y liberar la tensión que crea obstáculos innecesarios en tu vida.

Recuerda

CUANDO ESTÁS DESCANSADO te sientes vigoroso y optimista, y dispones de la base necesaria para crear una vida magnífica en la que procuras cuidarte.

El cansancio es un obstáculo en cualquier sentido. Afecta a la salud y el bienestar. Las emociones se desequilibran y el cuerpo nos envía mensajes muy claros cuando no bajamos el ritmo lo suficiente.

Hazte un hueco en tu jornada para echar una siesta o para desconectar de los aparatos electrónicos o de las distracciones. También puedes darte un baño caliente, acostarte una hora antes durante una semana, reducir el consumo de café o mimarte con un masaje. Son formas creativas de apoyarte en tu intento de sentirte más descansado.

El Universo quiere que te relajes y que te dejes llevar. La meditación también es un método estupendo para descansar y relajarte lo suficiente...

Querido Universo

A lo largo del día me siento animado y energizado.
Sé que el descanso y la relajación son esenciales para vivir el momento presente. Ahora tomo decisiones saludables para mi cuerpo con la intención de cuidarme. Me siento descansado y revitalizado.
Que así sea, así es.

DESINHIBIDO

LAYLA TRAJO AL mundo a Leo, un hermoso bebé. Cuando su hijo tenía cerca de seis semanas fue, por primera vez desde que había dado a luz, a un centro comercial. Leo era un niño muy feliz que solo se despertaba y se quejaba cuando tenía hambre. Después de ir de compras durante 20 minutos, Layla encontró una mesa libre en la zona para comer donde descansar y amamantar a su bebé. Como sabía que a algunas personas les molesta un poco ver a una madre dando el pecho en público, se aseguró de cubrirse lo suficiente, aunque permitiendo a la vez que su hijo pudiera respirar.

«¿Te importaría hacerlo en el baño? ¡Mi marido te está viendo!», le soltó fastidiada la mujer de la mesa de al lado.

«Estoy amamantando a mi hijo. ¡Dónde quieres que lo haga si no! ¿Te gustaría comerte un bocadillo en el lavabo?», le replicó ella un poco a la defensiva (comprensiblemente).

Sin embargo, usó su tono de voz como una oportunidad para hacerle ver a aquella mujer por qué era tan importante no avergonzarse de cosas que son de lo más naturales. En ese intercambio, su misión era normalizar el dar el pecho en espacios públicos para las madres que deseaban retomar su vida cotidiana.

Recuerda

ES IMPORTANTE NO avergonzarte de quién eres y de lo que haces mientras no dañes intencionadamente a los demás. Pero, como no todo el mundo se rige por tus reglas, es esencial ser compasivo y normalizar lo natural para evitar los comentarios desacertados.

Querido Universo

Haz que me desprenda de cualquier tipo de vergüenza o negatividad que haya en mi campo energético. Ayúdame a ser compasivo con los puntos de vista de los demás y, al mismo tiempo, a mantenerme fiel a lo que sé que es natural. No me avergüenzo de expresarme de la forma necesaria como el hermoso ser humano que soy.

Que así sea, así es.

DICHOSO

¡LA DICHA ES una delicia! Tiene superpoderes milagrosos, ya que crea una transformación radical que parecía imposible.

Podemos sentirnos felices de muchas formas maravillosas. Podemos encontrar la dicha en cualquier lugar donde elijamos buscarla, desde sentir la pura energía de la felicidad al sostener a un bebé en brazos hasta cuando paseamos descalzos por la exquisita arena blanca de una playa tropical. El gran Joseph Campbell dijo en una ocasión:

«Si sigues tu dicha, entras en un camino que ha estado allí todo el tiempo, esperándote, y la vida que deberías vivir es la que estás viviendo. Sigue tu felicidad y no tengas miedo, y las puertas se abrirán donde no sabías que iban a estar.»

Recuerda

CUANDO SINTONIZAS CON la energía de la dicha, elevas tu vibración y fluyes con la alineación de tus deseos.

Crea tu propia #Lista de Dicha de «Querido Universo» como tu meditación. ¿Cuáles son las cosas, las personas, los lugares o las experiencias que más feliz te hacen en tu vida?

Querido Universo

Acojo abiertamente más regocijo en mi vida a diario. Te doy las gracias por procurar ser dichoso con cualquier cosa que deseo y con todo cuanto hago.
Que así sea, así es.

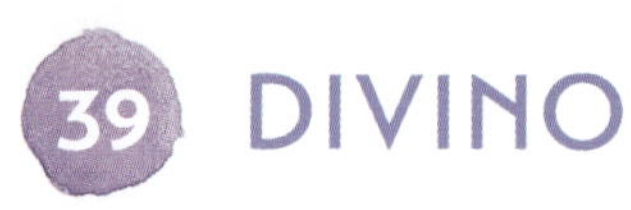

DIVINO

TODOS SOMOS SERES divinos. Tal vez no seamos conscientes de nuestro poder todo el tiempo, pero somos poderosos. Todos estamos hechos del mismo polvo de estrellas mágico. Tomar conciencia de que somos divinos es recordar que todos estamos conectados y que formamos parte de un gran todo.

Recuerda

LA ENERGÍA DIVINA siempre está fluyendo a través de ti en forma de inspiración, sueños, sabiduría y curiosidad.

Saberlo te ayuda a superar los juicios de valor y a recordar que todos estamos juntos en esta gran aventura de la vida. La comprensión de este concepto también va unida a la advertencia de que nada está separado de la energía divina.

Una de mis citas favoritas es la siguiente: «Muéstrame dónde no está Dios».

El Universo se encuentra en todas partes en el sentido literal, en cualquier cosa, persona, experiencia, interacción, emoción, sentimiento, lugar y sueño. Es importante recordar que, como parte de la totalidad de la energía divina, la vida no nos está ocurriendo a nosotros, sino para nosotros.

Querido Universo

Gracias por recordarme que todo cuanto existe es divino, que no hay separación alguna entre yo y mis juicios. Haz que este conocimiento avive la compasión y la comprensión en mi alma a un nivel en el que pueda ayudar a inspirar a los demás a recordar su propio origen divino.
Que así sea, así es.

40 ELEGANTE

LA ELEGANCIA NO consiste solo en evitar eructar en público, encorvar la espalda o ir por ahí con la barbilla manchada de kétchup. No es únicamente una cuestión de porte, sino de ser conscientes de nuestras acciones, de nuestros pensamientos y de la energía que emanamos en el mundo. Las personas elegantes poseen un saber estar natural y una energía magnética que atrae, por lo visto, a la gente.

Recuerda

LA ELEGANCIA ES la personificación de la gracia. Significa, literalmente, estar lleno de gracia. Y, como se sabe, la gracia es la energía divina que nos recuerda constantemente que El Universo fluye a través de nosotros.

Uno de los primeros pasos para sentirte elegante es detenerte antes de reaccionar a las cosas, las personas, los lugares o las situaciones. Desarrolla un filtro para advertir tus pensamientos y no dejarte llevar por tus primitivas reacciones instintivas. La elegancia consiste en calmarte para considerar una situación y en ver cómo puedes afrontarla desde el punto ventajoso de la plena conciencia.

El Universo siempre escuchará tu petición de encarnar la esencia de la elegancia.

Querido Universo

Encarno ahora la energía de la elegancia. Adopto el liderazgo consciente y sé que mi forma de comportarme en el mundo refleja la energía viva divina que todo lo impregna y que circula por todo cuanto existe.
Que así sea, así es.

41 EMOCIONADO

CUANDO TE EMOCIONAS es como si te tocaran la fibra sensible y el Universo te arrastrara de golpe a un momento maravilloso de aprecio. Tal vez te haya emocionado el amable gesto de un desconocido, el vídeo en YouTube de las últimas palabras de un esposo moribundo a su esposa o las noticias sobre una labor benéfica que ha tenido una gran repercusión en el mundo. Emocionarte es la esencia más pura y auténtica de la inspiración y la transformación.

Recuerda

CUÁNTO MÁS TE emociones en tu vida, más vivirás con la energía de tu corazón, por lo que podrás conectar con los demás de una manera más profunda y significativa.

Cuando Lulu, mi hija, tenía cinco semanas, mi madre me invitó al concierto que daba en el atrio de una iglesia del barrio. Ella había estado conduciendo durante muchas horas cada semana para tomar clases particulares de canto lírico, y le hacía mucha ilusión que yo asistiera a una de sus actuaciones. Nunca había visto cantar a mi madre, ¡y mucho menos ante una multitud de más de 60 personas!

El director de orquesta la presentó al público. Mi madre estaba guapísima en medio del atrio, con un hermoso chal de vivos colores sobre los hombros. La acompañaba una orquesta. La canción que iba a interpretar sobre una relación amorosa truncada era de una famosa ópera italiana. En cuanto mi madre (Louise) empezó a cantar, se me empañaron los ojos, emocionada por su belleza y su talento musical. La confianza y la potente voz de mi madre, y el hecho de haber derribado las barreras mentales del miedo al alejarse hasta tal extremo de su zona de confort, me llegaron al alma.

Emocionarnos por alguna razón es un regalo del Universo para que disfrutemos y nos enriquezcamos en la vida. Escribe en tu diario las cosas, las personas, los lugares y las experiencias que te emocionan profundamente. Constituye un mapa del tesoro para que ocurran milagros en cada faceta de tu vida.

Querido Universo

Envíame experiencias que me emocionen profundamente. Haz que en esos momentos esté rodeado de seres queridos con los que compartirlas para poder crear esos recuerdos mágicos y recordarlos para siempre.
Que así sea, así es.

EMPODERADO

SENTIRTE EMPODERADO EN la vida es esencial, ya que es tu vida y, además, eres IMPORTANTE. Los padres tendrían que ser expertos en el área de empoderar a sus hijos para que aprendan a tomar por sí solos decisiones acertadas, saludables e inteligentes.

Recuerda

CUANDO TE SIENTES empoderado tienes el poder para cambiar el mundo. Cualquier persona del planeta tiene la oportunidad de empoderarse al ayudar a la humanidad a crecer y sanar.

Tu voz está muy vinculada a tus niveles de empoderamiento, a cómo decides usar tu poder, a las causas que apoyas y a tu interés en el activismo espiritual. Durante años mantuve la boca cerrada, me guardé mis ideas creativas y no dije lo que pensaba. Pero cuando decidí montar un negocio, me di cuenta de lo poderosa que era. La identidad de emprendedora que adopté fue en el fondo la que me empoderó para dejar atrás diez años de violencia doméstica.

En aquella época nunca se me habría ocurrido que compartir unas experiencias de mi vida tan personales pudiera ayudar a empoderar a millones de personas de todo el mundo que estaban reclamando su propio camino a la grandeza. Por lo visto, las personas empoderadas empoderan a la gente. Cuando aceptas que ser un guardián de la concienciación es una de tus responsabilidades, el mundo se vuelve un lugar más agradable en el que vivir.

El Universo siempre sabe que, cuando estás listo para dar un paso adelante y adentrarte en el espacio de tu corazón y brillar, estás empoderado en cualquier sentido de la palabra.

Querido Universo

Gracias por recordarme mi poder. Gracias por la claridad de mi visión.
Gracias por guiarme para que conecte con las personas adecuadas
que me inspiran. Ayúdame a liderar con amor y a encarnar el alma de un líder
a cualquier nivel imaginable.
Que así sea, así es.

43 ENCANTADO

LA ENERGÍA DE sentirse encantado puede manifestarse de muchas formas maravillosas. Oír buenas noticias, recibir un regalo, disfrutar de una comida sabrosísima o ver un ramo de flores precioso pueden llenarte de deleite. Sentirte encantado es increíblemente importante. Te ayuda a estar inspirado, y le muestra al Universo que estás preparado para experimentar deleite más a menudo.

Recuerda

SI ERES CAPAZ de alegrarte por el éxito ajeno, te será más fácil triunfar en la vida.

A algunas personas les cuesta alegrarse por el éxito de los demás, y esta actitud levanta barreras o muros en el proceso de la manifestación. Tienen envidia, se lo toman personalmente o muestran una actitud mezquina y, al final, se pierden la maravilla de celebrar el éxito ajeno.

Florence Scovel Shinn escribió: «Te deseo a ti lo que deseo para mí».

Sentirse encantado es contagioso. Es la arrolladora energía del gozo en acción en nuestra realidad, que hace que nos unamos a la apasionante fiesta de la vida.

Al Universo le encanta vernos inmersos en la esencia de la alegría, por eso es tan importante que la traigamos a nuestra realidad cotidiana...

Querido Universo

Estoy encantado por lo que se manifiesta ahora y por lo que se manifestará en mi realidad. Vivo a diario momentos de alegría y agradezco enormemente la oportunidad de participar en esta vibración. Ayúdame a alegrarme de mis propios logros y de los éxitos de los demás.
Que así sea, así es.

44 ENERGIZADO

CUANDO ESTÁS LLENO de energía, vives la vida al máximo y recuerdas que eres capaz de cualquier cosa que tu corazón desee. Así es como El Universo siempre quiere que te sientas: ¡energizado! Cuando te sientes lleno de energía, puedes tomar los caminos de la intuición, la inspiración, la creatividad y la transformación.

Recuerda

SI NO TE marcas la meta de vivir la vida cargado de energía, te estarás perdiendo la magia del ser humano.

¿Has oído alguna vez a alguien decirle al Universo que está reventado, bajo de energía o cansado todo el tiempo? Pues la buena noticia es que puedes hacer muchas cosas para remediarlo y volver a sentirte lleno de vitalidad.

Emprende las siguientes cinco acciones para que la energía vuelva a circular por tu cuerpo y tu alma:

1. Muévete, porque esta actividad genera energía (¡baila, camina, corre o muévete, simplemente!)

2. Aliméntate (come saludablemente e ingiere alimentos llenos de energía).

3. Dale al cuerpo el agua que necesita (la hidratación te ayuda a tener mucha energía).

4. Descansa (un cuerpo extenuado se desgastará).

5. Respeta a tu cuerpo (escucha los mensajes y las señales que te envía, te está diciendo lo que necesita).

Cuando te cuidas, la energía vuelve siempre a circular por tu cuerpo, en lugar de agotar tus reservas energéticas con hábitos poco saludables. La meditación es también una manera estupenda de pedirle al Universo que aumente tus niveles de energía...

Querido Universo

Soy un canal por el que circula la energía infinita. Tengo un caudal inagotable de energía con el que conectar para crear magia en cualquier aspecto de mi vida. Haz que respete mi cuerpo y alimente todo mi ser para poder ayudar a los demás con lo que me apasiona y le da sentido a mi vida.
Que así sea, así es.

45 ENTREGADO

UNO DE LOS ingredientes más esenciales en el proceso de la manifestación es entregarnos a los poderes del Universo. Debemos desistir de nuestro apego a que las cosas nos salgan exactamente como deseamos y dejarlas en manos del Universo.

Recuerda

ENTREGARTE SIGNIFICA QUE dejas de apegarte a la ilusión de que lo controlas todo en la vida.

¿Quieres que el dinero se manifieste en tu vida? Ríndete al hecho de que quizá nunca se manifieste. ¿Quieres que en tu vida se manifieste una pareja? Entrégate al hecho de que no pasa nada si vives solo. ¿Quieres que un hijo se manifieste? Alégrate de no ser un padre o una madre a la antigua usanza. La maravilla de jugar con la energía del Universo es gamificar el proceso y aceptar que tal vez las cosas no te salgan como tú quieres. No significa que no se vayan a manifestar en tu vida, pero cuando te entregas a la situación tal como es, la magia puede ocurrir, y normalmente ocurre.

Una amiga mía dijo en una ocasión: «Una paciencia infinita produce resultados inmediatos». La exquisita verdad de esta afirmación es impresionante.

La forma más poderosa de aumentar la energía de la entrega es a través de la meditación. Al fin y al cabo, meditar es el acto de entregarnos a las posibilidades divinas y de conectar con ellas en nuestro interior.

Querido Universo

Me entrego ahora a este momento. Dejo de aferrarme a los resultados
y sé que no puedo controlar mi destino, sino solo dirigir mi energía.
Elijo entregarme, dejar de intentar controlarlo todo
y confiar en que la sabiduría divina que hay en todo cuanto existe
se está manifestando para un mayor bien.
Que así sea, así es.

46 ENTUSIASMADO

LOS NIÑOS SON puro entusiasmo, ¡Algo muy poderoso! Las cosas sin mayor trascendencia de la vida son muy excitantes para ellos. Como cuando se ponen a dar brincos al descubrir que has comprado galletas, o cuando se sorprenden al ver una casa adornada con guirnaldas de luces en Navidad.

Recuerda

CUÁNTO MÁS ENTUSIASMO expreses en tu vida, más te mostrará y ofrecerá El Universo experiencias que te asombren y maravillen.

Mis padres siempre me recuerdan el entusiasmo que sentía de niña. A los nueve años participé en el tercer curso en un musical del colegio, una versión aguada de *Cats* de Andrew Lloyd Webber. Nuestros disfraces eran sencillos: leotardos negros, bigotes y hocicos de gato pintados con lápiz de ojos, orejas de papel y colas hechas con medias rellenadas de papel de periódico. En el primer número del musical estábamos 20 alumnos en el escenario. La música empezó a sonar y nuestras piernas se movieron al unísono, salvo las mías. Me entusiasmó la representación del musical, y también que mis padres vieran a 19 gatos moviéndose hacia un lado y a Sarah Prout moviéndose traviesamente a su aire hacia el otro sin seguir la coreografía. Ser la personificación del entusiasmo fue lo que me hizo destacar (o sobresalir bailando) del resto en el sentido literal.

¿Cómo puedes ahora manifestar la magia del entusiasmo en tu vida? ¿Qué te entusiasmaría con locura?

Querido Universo

Muéstrame maneras creativas de hacer que mi alma se funda con la poderosa energía del entusiasmo. Haz que sienta en mi corazón la emocionante sensación de que en mi vida se están manifestando cosas maravillosas. Ayúdame a expresar plenamente esta sensación de maravilla de la forma que sea necesaria.

Que así sea, así es.

EQUILIBRADO

LOS SEIS ASPECTOS del equilibrio en tu vida son el físico, el mental, el emocional, el social, el económico y el espiritual. Si no te ocupas de cualquiera de estos elementos, puedes causar el caos en diversos ámbitos de tu experiencia. También puedes crear una presión innecesaria.

Pero en realidad yo creo que el equilibrio es un mito, o quizás una ilusión. El funámbulo avanza en lo alto por la cuerda floja con sumo cuidado, manteniendo el equilibrio, porque podría caerse hacia un lado o hacia el otro en cualquier momento. Incluso los nutricionistas afirman que seguir una dieta «variada» es mejor que la dieta sosa y «equilibrada» de antes. Cuando parece reinar un gran equilibrio en todos los ámbitos de la vida, nuestro día a día puede perder la chispa. Te aseguro categóricamente que, con cuatro hijos, tres perros y un negocio a mi cargo, hace años que he renunciado al equilibrio en mi vida, y esto me ha liberado. Aunque no significa que no haya armonía en casa, pero, si tuviera que evaluar cuánto equilibrio hay en nuestra vida, ¡probablemente sería más bien escaso! Compaginar el trabajo con la vida familiar tampoco es pan comido. A veces, a las diez de la noche, mi marido y yo decidimos de pronto hacer una reunión de trabajo en el cuarto de baño mientras me cepillo los dientes.

Recuerda

¡LA ENERGÍA VA allí donde pones la atención!

Si encontrar el equilibrio es importante para ti, no hay ningún problema, sobre todo si estás iniciando tu viaje espiritual. Simplemente, no te olvides de fluir con la vida y de buscar el equilibrio sin rigidez ni aferrarte a las normas.

Querido Universo

Guíame para que me ocupe de las distintas áreas de mi vida que requieren cuidados y atención cuando sienta que es el momento de hacerlo. Ayúdame a confiar en que no siempre es necesario gozar de equilibrio en la vida al cien por cien, sino algo opcional. Tenerlo en cuenta me da una sensación de paz y libertad.

Que así sea, así es.

48 ESPERANZADO

HAY UNA GRAN magia en la energía de la esperanza. Significa que somos optimistas y positivos y que estamos esperando que nuestra intención se manifieste pronto de la forma deseada. A decir verdad, El Universo quiere que estemos en este estado para que nuestros deseos aparezcan en nuestra realidad más fácilmente.

Recuerda

LA ESPERANZA ES el mejor espacio para ocupar en tu vida. Significa enviarle al Universo el claro mensaje de que estás dispuesto a recibir los resultados deseados.

Cuando pienso en los momentos en los que me he sentido llena de esperanza en mi vida, veo que forman parte de un amplio espectro de experiencias. Me sentía esperanzada cada vez que me hacía una prueba de embarazo. Esos momentos eran muy excitantes. Todos los signos indicaban que estaba embarazada, pero la prueba de embarazo me lo confirmaba por fin. También me sentía esperanzada al enviarles a las editoriales a lo largo de los años varias propuestas de libros para que me los publicaran. He esperado que hubieran cambios en mi vida, que la salud de los seres queridos mejorara y que algo (cualquier cosa) cambiara mi situación.

La esperanza es una liviandad en el corazón que espera que todo mejore en nuestra vida.

Querido Universo

Ahora encarno la energía y la esencia de esperar que todo me salga a pedir de boca como es debido. Confío en el momento oportuno divino y entiendo que mis intenciones se manifestarán de manera proporcional a la esperanza que sienta en mi corazón. Ayúdame a afrontarlo siempre todo con esperanza, en lugar de estar sumido en un mar de dudas.

Que así sea, así es.

49 EUFÓRICO

NO HAY NADA más agradable que estar eufórico. Cuando algo te hace tremendamente feliz, sientes un entusiasmo mágico.

La euforia se manifiesta cuando nos ocurre algo especial en la vida, como cuando encontramos pareja, cuando damos lo mejor de nosotros, cuando miramos a los ojos por primera vez a nuestro hijo recién nacido o incluso al conseguir en una subasta de eBay el objeto codiciado.

Recuerda

LA EUFORIA ES la esencia de la alegría, así que manifiéstala en tu realidad lo más a menudo posible.

Cuando cumplí 33 años, Sean me llevó con los ojos vendados a un lugar secreto donde nos esperaba una limusina rosa. Había organizado un viaje con mi familia y mis amigos a la ciudad (en aquel tiempo vivíamos en las afueras de Melbourne, en Australia). Al bajar de la limusina, Sean se puso a cantar con varios músicos callejeros, más tarde descubrí que había estado ensayando con ellos. Después, se arrodilló y me propuso matrimonio. Al menos cien desconocidos fueron testigos de su petición, y le dije «¡Sí!» con una voz de lo más eufórica.

Me sentí en el séptimo cielo, no cabía en mí de alegría. La euforia se da en esta clase de momentos mágicos de la vida.

¿Cómo puedes manifestar más gozo? ¿Qué es lo que te ha producido una viva alegría a lo largo de los años? ¿Cómo puedes volver a sentirla?

Querido Universo

Muéstrame cómo puedo sentir más euforia en mi día a día.
Ayúdame a evocar, cuando esté bajo de ánimos o un poco deprimido,
recuerdos y momentos especiales de gran felicidad.
Permíteme avivar la energía de la euforia en mi corazón.
Que así sea, así es.

50 EXPANSIVO

CUANDO ESTÁS LISTO para empezar el siguiente capítulo de tu vida, lo sabes sin más. La sensación de expansión en tu corazón te dice que por fin estás preparado para un acto de fe, o quizá para desplegar las alas y alzar el vuelo.

Una vez preparada por fin para abandonar Australia y mudarme a Estados Unidos, sentí intuitivamente que ya era el momento. No tenía idea de cómo lo haría. Acababa de traer al mundo a mi hija Lulu y nuestra empresa no iba demasiado bien. También nos preocupaba si Max (mi primer marido) firmaría los papeles para autorizar que mis hijos mayores abandonaran Australia permanentemente. Al final, El Universo resolvió todos los detalles de la manera perfecta y en el momento preciso. Solo tuve que confiar en el proceso.

Recuerda

LA LLAMADA EN tu corazón para expandir tu vida puede a veces ser aterradora e incierta. Sin embargo, viene del deseo del alma de crecimiento y transformación. Confía en tu intuición, te está llevando a un nuevo capítulo de tu vida.

En nuestra calidad de seres humanos, El Universo nos ha concebido para que nos expandamos siempre de acuerdo con la naturaleza de nuestra conciencia. El objetivo del juego es expandirnos y progresar, por eso es tan importante que no temamos vivir aventuras y experiencias nuevas.

Tu objetivo principal en este viaje es decir sí a la idea de expansión. Tanto si te mudas a otro país como si viajas, aceptas un trabajo nuevo o decides tener una cita a ciegas, El Universo siempre recompensará tu deseo de ver la vida desde una perspectiva expansiva.

Querido Universo

Ábreme el corazón y la mente a experiencias y aventuras excitantes y nuevas. Confío en que me guiarás para que siga intuitivamente el buen camino de una acción inspirada.

Que así sea, así es.

51 EXPRESIVO

PODEMOS SENTIRNOS O ser tan expresivos como queramos. Podemos expresarnos como nos venga en gana mientras no le hagamos daño a nadie. Disponemos de un mundo maravilloso de posibilidades creativas para expresarnos en la vida, desde el arte hasta la música, la moda, las palabras habladas, la poesía, el baile, la cocina o la escritura; ¡nos podemos expresar de infinitas maneras!

Recuerda

APRENDER A EXPRESARTE es esencial para asegurarte de que tus seres queridos satisfacen tus necesidades. Es una forma crucial de procesar toda la variedad de emociones que sientes en tu periplo vital y de documentarlas.

Muchas personas han perfeccionado el arte de expresarse desde un punto de vista negativo. Y algunas ni siquiera ven las formas que mejor les irán para expresarse con sinceridad y cordialidad. Hacerte entender y saber que expresas tus ideas de un modo que haga que los demás te valoren, escuchen y vean es, sin duda, un don.

El siguiente ejemplo ilustra, sin embargo, una manera de expresarse insolente y un tanto caótica:

Un día Sean y yo estuvimos discutiendo. Irrumpí en su estudio exigiendo su atención y, como no supe expresarme creando un espacio seguro, él decidió dar por terminada la conversación y me dijo que no quería seguir hablando conmigo. Tenía sobre su escritorio un tarro enorme de gominolas. Supongo que contenía más de 700. Sentí el impulso irreprimible de seguir expresándome a toda costa y arrojé las gominolas al suelo. ¡Fue como si la habitación se llenara de pronto de una lluvia de confeti multicolor! Mi forma excesiva de expresarme provocó al instante un ambiente silencioso y enrarecido. ¡Lamenté con toda mi alma haberlo hecho, pero sin duda aprendí lo que es una forma inapropiada de expresarse!

Lo importante es dejar y crear un espacio mutuo en tus relaciones, amistades o parejas que marque unos límites cuando necesites expresarte, y permitir además que se manifieste el espacio para hacerlo. Fomenta tu creatividad lo máximo posible. Compra pinturas o un bloc de dibujo, descubre música nueva, aprende a tocar un instrumento musical, compra un tarro de gominolas, aprende un idioma extranjero... Las posibilidades son infinitas, y tu imaginación es la única que les puede poner límites.

Querido Universo

Muéstrame la mejor forma de expresar cómo me siento de la manera más apropiada que me llene de energía y avive en mi alma la esencia de la alegría. Haz que sienta curiosidad por descubrir formas nuevas y maravillosas de expresar cómo me siento a cada momento.
Que así sea, así es.

SI DESEAS QUE la felicidad se manifieste en tu realidad actual, es tan simple como que lo elijas. La felicidad no es una destinación futura, crear felicidad en tu vida depende por entero de ti.

Recuerda

NO SERÁS FELIZ cuando adelgaces, conozcas a tu pareja o recibas un millón de dólares. Sé feliz ahora. La ALEGRÍA es tu propio viaje vital.

Muy a menudo responsabilizamos a los demás de cómo nos sentimos. De nuestra propia felicidad. Pensamientos como «Deberías hacerme feliz» o «No me haces feliz» son absurdos. Significan que estamos dejando nuestra felicidad en manos de otros, cuando no deberían tener esa clase de poder sobre uno. ¡Recupéralo!

Tu papel en la vida es inclinarte por lo que te hace feliz, sea lo que sea. La verdadera felicidad se encuentra en ello, cuando te rodeas de personas, lugares y vivencias que te hacen feliz por dentro.

Invoca la magia del Universo para que te ayude a sentirte feliz en lo más hondo de tu alma...

Querido Universo

Gracias por este momento de felicidad. Sé que puedo llevar de nuevo mi energía a un estado de alegría y agradecimiento cuando sea necesario. Ahora libero a los demás del peso de ser responsables de cómo me siento y recupero mi poder para buscar la felicidad en cada uno de los momentos deliciosos de la vida.
Que así sea, así es.

FESTEJADOR

UNO DE LOS muchos aspectos que me apasionan de vivir en Estados Unidos es cómo los estadounidenses celebran varias festividades a lo largo del año. Hay muchas más festividades de las que recuerdo haber celebrado en Australia. Por ejemplo, me encanta cómo celebran en las tiendas las estaciones, las enormes imágenes florales de las vallas publicitarias, los rayos de sol en primavera, la mezcla de especias usada para la tarta de calabaza y los objetos de Halloween en otoño. La energía de la celebración de festividades entraña un gran entusiasmo. A decir verdad, es el ingrediente esencial en el proceso de la manifestación. ¡Es pura alegría! La actitud festiva condensa la alegría, la abundancia, la comunidad y la conexión.

Durante muchos años he vivido mi vida desde el margen, sin permitirme disfrutar del todo de los días especiales (fiestas = días festivos), como la Navidad o la Semana Santa. ¡Pero ahora me encantan! ¡Todos! Están entretejidos de la belleza de la tradición y del respeto por la generación anterior a la nuestra, por aquellos que nos han llevado hasta donde ahora estamos.

Recuerda

PUEDES CREAR TUS propias fiestas, tradiciones y festividades en tu vida.

Cuánto más lo hagas, más le estarás indicando al Universo que estás disfrutando de la diversión, las risas y la alegría. Si sintonizas con la magia de una actitud festiva o tienes la intención de adoptarla, El Universo estará siempre dispuesto a revelarse y a ser el rey de tus fiestas...

Querido Universo

Una actitud festiva es mi manera de expresar alegría. Ayúdame a ser el portador de felicidad, diversión y risas. Celebrémoslo todo y divirtámonos a más no poder, porque la vida es más agradable cuando encontramos una razón para festejar la maravilla de estar vivos.
Que así sea, así es.

54 FIERO

QUIZÁS AHORA TE ves como un tipo duro y estás devolviéndoles el karma a los que se lo merecen, como si fueras un justiciero espiritual que intentara restaurar la justicia en el mundo.

La fiereza es positiva mientras les deje espacio a la ternura y la compasión, lo cual es un detalle importante. Por ejemplo, si alguien se metiera con mis hijos o los acosara, me transformaría al instante en una leona de forma radical. Haría todo cuanto estuviera en mi mano para proteger a mis hijos o a los hijos de otros.

Pero la fiereza no tiene solo que ver con la resolución de conflictos. Podemos ser fieros y valientes en la negociación de un contrato, al engalanarnos para una fiesta, al participar en una manifestación a favor de una causa que nos apasione… ¡La lista de situaciones en las que podemos ser fieros es infinita!

Recuerda

LA FIEREZA NO significa dar miedo, sino, simplemente, ser empático y justo. Te dedicas a la misión de crear un cambio impactante en el mundo.

Querido Universo

Dame la fuerza para ser valiente y fiero cuando sea necesario proteger a los míos. Ayúdame a elegir mis luchas con sensatez y a afrontarlas con compasión y fortaleza. A tener siempre presente el riesgo de las suposiciones. Haz que la potente energía de la fortaleza fluya a través de mí cuando sea necesario.

Que así sea, así es.

FIRME

LA VIDA TE llevará a lo largo de muchas aventuras mágicas y maravillosas. Habrá momentos fabulosos y momentos terribles, que forman parte del excitante viaje de la vida. Sin embargo, un elemento importante que no suele tenerse en cuenta es el proceso de mantenerte firme, de sentirte con los pies en la tierra y centrado. A veces puede que «te dejes llevar por la euforia» o que «estés en la gloria». Es agradable dejarte llevar por la magia del momento. Pero no te olvides de mantener la cabeza fría, en especial cuando te encuentres en un viaje manifestativo en el que estés creando intencionadamente tu realidad.

Recuerda

LA FIRMEZA TE ayudará a tomar decisiones en un estado de apertura, positividad y transformación.

Si dejas que tu energía se desboque y no te preocupas de permanecer anclado en tu cuerpo y sentirte centrado y calmado, podrías vivir un infierno. Cuanto más alto subas, más dura será la caída. Mantener la cabeza fría es esencial para manejar bien tu energía.

Hay muchas maneras creativas y poderosas de mantener la calma. Puedes hacer yoga, ejercicios de respiración, ingerir una comida nutritiva, meditar o ir descalzo por un prado o por la arena (este proceso se conoce como «en contacto con la tierra». Asómate a tu interior y pregúntate qué es lo que te ayudará a instalarte en el presente y a evitar que la energía se te descontrole arrastrado por la situación.

Querido Universo

Haz que mantenga la calma en el regalo del momento presente.
Soy consciente de la energía que hay en mi cuerpo, y procuro conservar
el equilibrio y la armonía para seguir avanzando por el camino inspirado.
Que así sea, así es.

FLUYENTE

EL ESTADO CONOCIDO como «fluir» consiste en estar totalmente inmerso en una determinada actividad. Sientes que podrías estar todo el día haciéndola, pierdes la noción del tiempo y del espacio. Así es como descubrimos lo que nos apasiona en la vida y nos encanta hacer. Cuando entras en ese estado, se abre ante ti un mundo nuevo de posibilidades maravillosas y creativas.

Recuerda

APRENDER A ENTRAR en el estado de fluir es vital para progresar en la vida.

Puedes conseguirlo al meditar, al fijarte objetivos poderosos y también al salir de tu rutina para poner en orden tus pensamientos.

Cuando estás en un estado de fluir te sientes lleno de optimismo y motivado para emprender una acción inspirada. Al Universo le encanta verte en ese estado, ya que entonces descubres cómo todo se va resolviendo por sí solo en tu vida.

Conoces a personas que te ayudan en tu camino. Atraes los recursos adecuados y te llegan unas tras otras las situaciones que más te convienen en ese momento. Lo mejor que puedes hacer es decir «sí» a las oportunidades nuevas y a las aventuras que la vida te ofrezca. Advertirás que, cuanto más fluyes con la vida, más asombrosos son los «milagros» que ocurren en ella, y esto te «demuestra» (aunque no sea necesario) que El Universo siempre está pendiente de ti, listo para jugar contigo.

Querido Universo

Mi mente y mi corazón están abiertos al fluir de la sabiduría y a las posibilidades infinitas. Guíame para que atraiga y viva oportunidades nuevas, amistades nuevas, lugares nuevos para visitar y proyectos creativos nuevos. Cuando entro en un estado de fluir, me siento motivado. La vida me resulta fácil, renovadora, amena y liberadora.
Que así sea, así es.

57 FUERTE

ERES MUCHO MÁS fuerte de lo que crees. Cuando te sientes fuerte, te ves capaz de enfrentarte a cualquier prueba o tribulación que el Universo te presente.

Recuerda

LA FORTALEZA NO significa que no puedas mostrar tus emociones o expresar cómo te sientes. En la vulnerabilidad de derramar lágrimas y pedir ayuda a los demás hay una gran fuerza.

Como lo ilustra la etiqueta #VegasStrong al convertirse en el centro de atención después de que ocurriera en la ciudad la masacre horrenda en 2017. La comunidad se unió para mostrar que era fuerte.

La fuerza interior es tan poderosa e importante como la física. Hay muchos casos documentados de mujeres que han levantado objetos muy pesados, que en circunstancias normales no podrían haber levantado, para liberar a sus hijos de un peligro. Historias de lo más increíbles, como la de levantar un camión o un coche ¡con sus propias manos! Es como si esta sabiduría interior innata se apoderara de tu cuerpo y te hiciera sacar la máxima fuerza posible para afrontar la situación.

Las vueltas interesantes e inesperadas que da la vida siempre exigen fortaleza. Cuando te descubres llorando la pérdida de un ser querido, o intentas reunir algo de dinero para comer ese día, o te sientes tan deprimido que no te puedes levantar de la cama, son momentos maravillosos de la vida que te exigen mirar en tu interior y reclamar la energía del Universo, que así te ayudará a reunir la fuerza interior necesaria para superar tu situación con calma y naturalidad.

Querido Universo

Dame fuerza en este momento. Ahora reclamo toda la energía que pueda reunir para afrontar la situación con confianza y naturalidad. Ayúdame a sacar la fuerza necesaria para superar las dificultades y sentirme bien. Gracias por darme toda la fuerza y los recursos que necesito.

Que así sea, así es.

58 GENEROSO

EL BUDA DIJO que sin un corazón generoso no se puede llevar una vida espiritual auténtica. La generosidad tiene que ver con una sensación interior de abundancia, de tener lo bastante para dar y para compartir.

Ser generoso es una experiencia de una gran calidez humana. Significa que das lo mejor de ti y ayudas a los demás.

En mi opinión, Lauren, mi suegra, personifica la energía de la verdadera generosidad. Cuando me casé con Sean (su hijo), aceptó a mis dos hijos mayores (Thomas y Olivia) como sus propios nietos. En 2014, a pesar de haberle sido diagnosticado un cáncer de mama, siguió siendo la mujer buena y generosa que siempre había sido. En realidad, dedica su vida a ayudar a otras personas que se enfrentan a los mismos terribles niveles de incertidumbre con los que ella se topó. Ahora ocupa sus semanas sensibilizando a la gente sobre las mujeres que sufren cáncer de mama y las que superan esta enfermedad, como le ocurrió a ella. Regala árboles de Navidad a quienes no pueden celebrar las fiestas por falta de recursos, colabora en campañas solidarias, participa en manifestaciones a favor de los derechos de la mujer y se acuerda del cumpleaños de cada uno de sus siete nietos.

Recuerda

SI TIENES UN corazón generoso, llevarás una vida empoderada llena de significado y propósito.

Dedica un tiempo a observar a personas generosas, no solo en el aspecto económico. Dedica un tiempo a contemplar a las que son generosas con sus habilidades, su empatía y su grado de presencia, y deja que te inspiren a ser más generoso con tu escucha, tus habilidades, tu empatía y tu presencia.

Querido Universo

Ayúdame a activar la esencia de la generosidad en cada área de mi vida. Sé que al ser generoso con mi corazón atraeré más abundancia o podré ayudar a más personas necesitadas.

Que así sea, así es.

GOZOSO

EL GOZO ES uno de los estados de fluir y de bienestar más emocionantes y maravillosos. Cuando te sumerges en la energía del gozo, estás totalmente presente en el momento. El Universo fluye a través de ti y la conciencia de la humanidad se expande con cada pequeñísimo momento de gratitud. El optimismo del gozo es una poderosa moneda en el proceso de la creación. Es divertido, juguetón, juvenil y exuberante. Cuando lo sientes estás viendo el lado positivo de la vida y la parte buena de las cosas.

Recuerda

SENTIR GOZO ES una prioridad diaria para llevar una vida con sentido y presencia y llena de propósito.

Si deseas manifestar más gozo en tu vida, procura agradecer algo de lo que disfrutes en la vida al menos tres veces al día. También plantéate crear una lista de canciones para bailar. El gozo se activa al mover el cuerpo y dejar que tu cabeza se haga a un lado y sea tu corazón quien se ponga al volante. No te olvides de rodearte de cosas y objetos que te hagan feliz. Si hay alguno que te perturbe, regálalo a alguien a quien le guste más que a ti.

Una de las formas más poderosas de sentir gozo es comprometerte a hacer una buena acción para un absoluto desconocido. Hacer algo positivo para otro ser sin esperar nada a cambio es altamente mágico. Pruébalo y averígualo por ti mismo. ¡La bondad siempre fomenta el gozo!

Querido Universo

Estoy conectado al máximo con el fluir del gozo en mi vida. Estoy totalmente dispuesto a que se manifiesten más diversión y entusiasmo en mi realidad para apreciarlos y agradecerlos con hondura. Haz que mi gozo y mi bondad inspiren dicha y bondad a los demás.

Que así sea, así es.

60 GUIADO

CUANDO TE SIENTES guiado y apoyado silenciosamente por El Universo, la vida se vuelve una aventura apabullante y divertida. Recibir una guía suya en forma de intuiciones, sueños, sabiduría o consejos de un amigo de confianza o de un asesor es importantísimo. No olvides que tienes el poder de elegir tu camino en la vida y que nadie más puede decirte lo que debes hacer. Los demás solo pueden aconsejarte con suavidad para que tú tomes tus propias decisiones. Eres el único que le puede dar un significado a esta clase de guía.

Recuerda

CUANDO INTENTES ALINEARTE con el corazón abierto, El Universo te responderá enviándote «guiños divinos» para indicarte que vas por el buen camino.

Hacerle preguntas al Universo también te será muy útil. Si deseas recibir señales de alineación y guía del Universo, formúlale preguntas. Hazle saber cuál es tu intención en el mundo, y observa cómo tu realidad te refleja los mensajes procedentes de tu yo superior y del cosmos.

Toma tu diario y haz una lista de las señales que estás recibiendo del Universo. Una señal podría ser un número, rosas, un arco iris, una determinada canción, mariposas, un símbolo..., cualquier cosa que tenga un significado y un peso para ti. Anota la sensación que te produce cada señal y la fecha en que la has recibido.

Cuando te sientes guiado por El Universo, aprendes a confiar en que todo está ocurriendo exactamente como debe ocurrir.

Querido Universo

Estoy dispuesto a recibir tu guía y sabiduría. A dejar que las señales de alineación lleguen a mi vida para recordarme que voy por el buen camino de la acción inspirada.
Que así sea, así es.

HONESTO

NO HAY NADA más importante para nuestra brújula moral que la honestidad. Si sientes con cada fibra de tu ser que eres una persona veraz e íntegra, podrás dormir bien por la noche. Los que cuentan mentirijillas o tergiversan la verdad sin el menor remordimiento para salirse con la suya no crean más que sufrimiento en su viaje a lo largo de la vida.

Recuerda

USA TUS PALABRAS sabiamente. La energía de la información falsa, las acusaciones y la conducta deshonesta siempre volverá a ti con una precisión asombrosa.

Una de las cosas que enseño a mis alumnos de la Academia de Manifestación es a no empezar o acabar una frase diciendo: «Para serte sincero...» Como, por ejemplo: «Para serte sincero, nunca me ha gustado su pastel de ruibarbo».

Este tipo de afirmaciones presuponen que todo lo que hemos dicho, o lo que estamos a punto de decir, es mentira.

Les he enseñado a mis hijos que, si se encuentran una moneda en la calle o en el supermercado, la donen o se la den al cajero. En una ocasión vi a mi hijo descubrir un billete de cinco dólares en el suelo. Hubo un momento en el que dudó, y yo le dije que se lo diera al encargado de meter las compras del supermercado en las bolsas. El dependiente se quedó tan impresionado por la honestidad de mi hijo que le dijo que se podía quedar el billete. ¡Recibes aquello que das! Fue una valiosa lección sobre cómo El Universo recompensa la honestidad.

Para manifestar la energía increíble de comprometerte a ser honesto, prométete serlo toda la vida y afirma al Universo más o menos algo como lo siguiente:

Querido Universo

Dame la fuerza para ser honesto y sincero cuando tenga que decir la verdad. Dame la habilidad para ser compasivo con los demás cuando carezcan de integridad. Ayúdame a liderar con amor, y a que mi gran honestidad inspire a otros a seguir un camino parecido.

Que así sea, así es.

ILUMINADO

EN MI OPINIÓN, la iluminación y la interpretación de la manifestación de la misma son muy subjetivas. Nadie conoce realmente qué significa o entraña haber alcanzado la «iluminación». Sin embargo, creo que podemos vislumbrar lo que es la iluminación. La manifestación de paz en el momento presente y la comprensión del amor divino son probablemente lo que más se aproxima a la definición de iluminación que mi mente puede entender.

Recuerda

EL OBJETIVO DE la vida no es necesariamente alcanzar la iluminación, sino disfrutar de esta salvaje aventura llamada «vida» y crecer gracias a los obstáculos y a los giros que nos presenta.

Creo que elegimos venir a este mundo para aprender. Es un contrato sagrado que nos ayuda a darle sentido a los momentos dolorosos o difíciles de nuestra vida.

En el budismo, la iluminación se define como un estado final de beatitud carente de deseo o de sufrimiento. En mi opinión, podemos sentir la maravilla y la plenitud de la vida tanto a través del deseo como del sufrimiento. No hay nada (absolutamente nada) en donde no esté presente El Universo. Cada situación, persona, lugar y experiencia se manifiestan en nuestra vida por una razón maravillosa y poderosa.

Querido Universo

En este momento busco la paz y un estado de presencia.
Ayúdame a que la iluminación se manifieste de tal forma en mi día a día
que me permita ser capaz de entender la vida desde una gran diversidad
de puntos de vista y de perspectivas. Haz que mi corazón y mi mente
funcionen a partir de un modelo unificado; y que cualquier juicio de valor me
recuerde que todo cuanto existe está animado por la energía maravillosa
de la creación que fluye en su interior.
Que así sea, así es.

INDULGENTE

EL PERDÓN TE libera el alma. Aferrarte a la energía del pasado te impide forjarte un futuro maravilloso y excitante. Cuando sientes de verdad que perdonas a alguien de todo corazón, tu vida cambia radicalmente como por arte de magia.

Recuerda

EL PERDÓN ES una elección. No significa que olvides lo que te han hecho, sino que dejas de aferrarte a lo que te ata a esa persona o a la experiencia.

Por ejemplo, yo he perdonado del todo a Max, mi primer marido, por los diez años de violencia doméstica y de sufrimiento compartido. No tengo el menor interés en aferrarme al pasado. Solo he compartido mi experiencia en este libro (y en mis enseñanzas ofrecidas a lo largo de los años) para demostrar que soy una superviviente capaz de perdonar y de liberarme del pasado. A decir verdad, le estoy muy agradecida a Max por lo vivido. A menudo digo que no cambiaría nada de lo ocurrido, aunque pudiera hacerlo. El mar de lágrimas, la soledad, los moratones, la desatención..., no cambiaría ni una sola de esas cosas por el profundo cambio de conciencia a que dieron lugar. Mi historia ha ayudado a otras personas a buscar la seguridad y a darles un sentido y un propósito a su vida. Estaría dispuesta a vivir diez años más de tristeza si supiera que me esperaba esa clase de transformación al final del túnel. Cuando perdonamos y le damos sentido al sufrimiento padecido, se nos revela la maravilla de la vida en todo su esplendor. En el fondo de mi alma amo a Max, y él lo sabe, y le respeto por el papel que ha desempeñado en la misión de mi vida. Él está ahora siguiendo su camino, y yo también sigo el mío. No siento ni una pizca de humillación, resentimiento o rencor por lo ocurrido, solo sigo confiando en El Universo por lo que he aprendido con esta lección.

Pero no olvides que perdonar a alguien te costará lo tuyo. A mí me llevó años lograr que mi alma dejara de aferrarse a esa energía. Sin embargo, por cursi que suene, el tiempo lo cura todo. Si te propones liberarte del dolor del pasado, El Universo está esperando a que lo hagas para tomarte de la mano y recordarte que con el paso del tiempo todo cobrará sentido para ti y se arreglará...

Querido Universo

Perdono a (escribe su nombre) por (escribe la razón). Y, sobre todo, me perdono a mí mismo. Me desprendo de la energía del pasado y me dirijo hacia un futuro estupendo, feliz y emocionante en el que crearé unos recuerdos especiales con mis amigos y mi gente. La vida es demasiado corta como para vivirla resentido. Dejo de aferrarme a la situación con amor, alegría y compasión.

Que así sea, así es.

64 INFINITO

 infinito. Todos formamos parte del mismo entramado de la Unidad. Lo ilustraré con un ejemplo:

Después de traer al mundo por cesárea a mi hija Lulu, el médico se dispuso a suturarme la incisión. Pero cuando los efectos de la anestesia empezaron a disiparse, comencé a notarlo todo. Sentía el contacto del aire en mi estómago abierto en canal; era un suplicio.

«¡Puedo sentirlo! ¡Puedo sentirlo!», exclamé presa del pánico.

La milagrosa escena del parto se transformó en cuestión de minutos en una película de terror.

Lo último que recuerdo es que sentí como si flotara en el lugar en vez de estar bajo los efectos de la anestesia. Despierta en un lugar elevado, por encima de los objetos que me rodeaban, formaba parte de todo, como si estuviera en el hospital, pero a otro nivel desde el que veía todo cuanto ocurría en él al mismo tiempo.

Dejé de sentir dolor. Lo veía todo envuelto en una bruma rosada. Me encontraba en un largo pasillo con habitaciones y puertas, como el del hospital, aunque era distinto. Detrás de cada puerta podía ver simultáneamente distintas escenas. Podía ver y sentir a Sean sentado junto a Lulu, al obstetra suturando la incisión de mi cuerpo, a las enfermeras, a Thomas y Olivia... Me sentía como si fuera una unidad con Lulu y viera el mundo desde su nueva perspectiva. Era como si volara por el pasillo, por ese extraño reino, y no supiera exactamente cómo volver a mí, a mi conciencia. Me sentía infinita.

De súbito, vi que no podía controlar el volver a mi cuerpo y me asusté un poco. Me encantaba el lugar donde estaba. Sentía una paz inmensa. Pero cuanta más paz sentía, más débil se volvía el recuerdo de quién era y de mi propósito en la vida.

Recuerdo claramente que me pregunté: «¿Estoy muerta? ¿Quién soy yo?»

No recordaba dónde estaba. De repente, oí una voz diciendo los nombres de mis hijos. No era la mía, ni tampoco la percibía con claridad. Era como un ancla de amor para que volviera a mí. A las siete y once minutos de la tarde recobré la conciencia después de haber vivido esta demencial aventura por el infinito.

VIVIMOS EN UN mundo de posibilidades infinitas y el mundo del más allá es la más pura esencia de un amor incondicional infinito. Somos mucho más que nuestra realidad física.

Querido Universo

Guíame para que recuerde que mi naturaleza verdadera es infinita. Ayúdame a sentir en mi corazón la expansiva energía divina que está presente en todo. Haz que el amor sea mi vía para conectar con el mundo.
Que así sea, así es.

INSPIRADO

LA ENERGÍA DE la inspiración es sumamente milagrosa. Es la energía del potencial, la creatividad y la alegría. Estás realizando un viaje maravilloso por el reino donde los sueños se unen con la intuición y cualquier cosa es posible.

La inspiración funciona realmente bien con lo que se conoce como «estado de fluir». Es un estado de meditación —de mindfulness— que experimentamos cuando actuamos de forma inspirada, en el que nos sentimos como si El Universo actuara a través de nosotros.

Recuerda

CUANDO TE SIENTES inspirado, manifiestas milagros, y El Universo está orquestando todos los detalles divinos para apoyarte en tu aventura.

Las idas increíbles las solemos tener cuando nos sentimos inspirados y conectados con El Universo. Cuentan que a Paul McCartney se le ocurrió la melodía «Yesterday» de los Beatles —la canción más famosa de la historia musical— en un sueño que tuvo una noche en 1964.

Los artistas se inspiran en la naturaleza, la observación, la experiencia y la intuición. Los escritores también beben de los temas que les parecen más fascinantes. Cuando activas la energía de la inspiración en tu alma, vives la vida plenamente. Eres un poderoso creador pintando la obra de arte de tu propia realidad.

Juguetea siempre con El Universo para invocar y manifestar la esencia de la inspiración cuando la necesites...

Querido Universo

Fluyo ahora con las ideas inspiradas para crear algo maravilloso, mágico y significativo en mi vida. Haz que mi mente reciba una serie de acciones que me apoyen en el camino de la inspiración. Guíame y ayúdame a ser optimista y a sentirme inspirado.
Que así sea, así es.

66 INTUITIVO

TODOS SOMOS CONSCIENTES de ese «presentimiento» en la boca del estómago, cuando sabemos que algo no va bien. Aunque, por otro lado, también podemos sentir que todo en nuestra vida se alinea a la perfección, como un «SÍ» gigantesco en el que todo nos sale a pedir de boca. Lo importante es acordarnos de afinar y respetar nuestras facultades intuitivas. Dejar que nuestro corazón se guíe por lo que sentimos intuitivamente fortalece este músculo y hace que sea más preciso cuando más lo necesitamos.

Recuerda

CUANDO DESEES MANIFESTAR una gran intuición en tu vida, pídele al Universo que te apoye.

Un recurso intuitivo que apenas aprovechamos es el poder de nuestros sueños nocturnos. Antes de recostar la cabeza en la almohada, no te olvides de pedirle al Universo un sueño, una señal o un consejo susurrado si necesitas aclararte sobre un determinado asunto.

Cuando aprendes a juguetear con la energía del Universo te vuelves más perspicaz. En cuanto confías en este superpoder tuyo basado en el corazón, estás participando activamente en la magia y la belleza de la vida.

Querido Universo

Respeto vivamente mis corazonadas. Me acuerdo de escuchar el fluir eterno de guía y apoyo procedente de mi ser superior en los momentos en que lo necesito. Confío en la claridad de mi visión interior para tomar el buen camino de la acción inspirada.
Que así sea, así es.

JUGUETÓN

AL UNIVERSO LE encanta que seas juguetón porque el juego manifiesta al instante una sensación de felicidad y alegría, y crea un espacio en tu vida para recibir encantado más diversión. Cuanto más juguetón seas en la vida, más dichoso serás.

Podemos llegar a vivir cien años (si tenemos suerte). Y, sin embargo, los adultos nos dejamos agobiar fácilmente por el trabajo, las facturas, la política, el futuro... ¡La lista es interminable!

Recuerda

SI CONSIGUES SALIR de tu cabeza y vivir desde el corazón, entrarás en el estado idóneo para el arte de la diversión.

Esta sugerencia va de maravilla en las relaciones. Además, a la mayoría de niños les encantaría que sus padres fueran más juguetones y divertidos. El secreto está en llevar a cabo actividades que te obliguen a salir de tu zona de confort. En verano, rociaros con pistolas de agua. Juega a más juegos. Ríete a carcajadas y fíjate en el lado gracioso de la vida. El Universo ha diseñado tu experiencia para que sea una comedia divina.

Por ejemplo, un día Sean, mi marido, y yo estábamos un poco tristes y deprimidos a altas horas de la noche por no tener bastante dinero para pagar las facturas. Fue en el invierno de 2012. De repente, se me ocurrió la idea descabellada de salir al jardín privado de nuestra casa, desnudarnos y mojarnos el uno al otro con cacerolas llenas de agua fría para ver si nos reíamos un poco. ¡Y funcionó! ¡Nos echamos a reír histéricamente, la experiencia fue de lo más hilarante, ridícula y divertida! Por más ridícula que te parezca tu idea, ¡pruébala! Es posible que te ayude a dejar atrás tus esquemas mentales, tus ideas limitadoras y tu programación mental acerca de que no puedes ser juguetón en la vida o de que ya eres demasiado mayor para estas cosas. La vida es demasiado corta como para no echar unas risas al menos una vez al día.

Querido Universo

Muéstrame ideas creativas y maneras de divertirme más con mis amigos y con los míos. Deja que me ría a carcajadas y que disfrute de las deliciosas experiencias de la vida para que me sienta animado.

Que así sea, así es.

68 LIBRE

NADA HAY MÁS importante que sentirte libre en la vida. La sensación de libertad es el néctar más dulce para tu alma.

Recuerdo el momento en que dejé por fin atrás diez años de violencia doméstica. Por primera vez vivía en la adultez en mi propio piso, pagaba mis facturas, administraba mi dinero y criaba a mis hijos tal como yo quería. No había opresión. Ya no sentía miedo. Era libre, libre al fin.

Vivíamos en un piso viejo. No disponíamos de calefacción ni de aire acondicionado. No teníamos nevera ni lavadora, ¡y lavaba la ropa a mano en la pileta del cuarto de baño! Por primera vez en mi adultez —a los 30 años— podía tomar mis propias decisiones. La mayoría de los días vivíamos con menos de 15 dólares diarios, pero a pesar de no tener demasiado dinero me sentía como la persona más rica del mundo.

Recuerda

SER DUEÑO DE tu vida es la esencia de sentirte libre.

Imagínate que eres un pájaro volando en el cielo. Planeas por encima de la gente, los árboles y las trivialidades de la vida cotidiana. Capta la esencia de la libertad como una instantánea que puedas contemplar durante tus meditaciones...

Querido Universo

Mi cuerpo, mi mente y mi espíritu son libres. La maravillosa libertad
se manifiesta en distintos aspectos a lo largo de mi vida.
La libertad me permite vivir la vida plenamente con todas sus maravillas.
Agradezco con viveza haberme liberado de las cargas del pasado
y encarar el futuro con un espíritu libre y aventurero.
Que así sea, así es.

LÚCIDO

SENTIR QUE TU mente está despejada es renovador. Tus pensamientos discurren con naturalidad y libertad sin traba alguna. Te sientes calmado en tu corazón y tienes una clara visión de adónde te diriges en la vida. Ves tu existencia desde una perspectiva más amplia, y sabes que estás empezando un capítulo nuevo y emocionante de tu vida.

Para tener la cabeza más despejada es esencial simplificar la cantidad de información que tu cerebro absorbe a diario, sobre todo después de levantarte de la cama, durante las primeras horas. La mayoría de la gente, en cuanto se despierta, agarra el móvil y se pone a mirar mecánicamente las noticias de las redes sociales. Como parte de tu ritual matutino, intenta cuidar primero de ti antes de sumergirte de nuevo en tu vida cotidiana. Medita, bebe agua, tómate tus vitaminas, haz estiramientos o posturas de yoga, dedícate a cualquier actividad que te ayude a desconectar del mundo para empezar despejado tu jornada.

Recuerda

SI VES CON claridad lo que quieres y deseas que se manifieste en tu realidad, El Universo te ayudará a crearlo.

El secreto está en recordar que esta claridad mental te ayudará a materializar lo que deseas. Dado que El Universo o Dios se encuentran siempre en los detalles, harán realidad tus sueños en la medida en que tú sepas con claridad lo que deseas en la vida.

Querido Universo

Encarno ahora la verdadera esencia de la claridad mental y la acción inspirada. Cuando sé con más claridad lo que deseo en mi vida, estoy ayudando a la energía de las posibilidades a fluir en mi realidad. Tengo la cabeza despejada. Confío en que mis deseos se harán realidad en el momento divino perfecto.
Que así sea, así es.

70 MÁGICO

LA VIDA ES mágica. Sintoniza con esta magia y siente la esencia de la poderosa fuente de la vida fluyendo a través de ti todo el tiempo.

Recuerda

ERES TÚ QUIEN crea tu propia magia. Si le pides al Universo que envíe la magia a tu vida, creerás en los momentos mágicos todo el tiempo. Busca antes que nada lo maravilloso, así tu día a día estará lleno de magia.

Los niños poseen este factor de la vida tan esencial. Cada vez que ven algo que consideran mágico, se les iluminan los ojos. Las fiestas navideñas son el ejemplo perfecto de cómo los niños se dejan llevar por la magia de la generosidad, la conexión, la maravilla, el asombro y las posibilidades ilimitadas. ¿Por qué esperar vivir solo unos pocos días mágicos al año? Contempla el mundo de las maravillas y la magia con la mirada de un niño.

Cuando era pequeña, la magia me encantaba. Me fascinaba enormemente cualquier cosa que fuera mística y mágica. Me apasionaba la idea de los reinos de las hadas donde los deseos se hacían realidad. La verdad sea dicha, nunca he dejado de creer en estas cosas, y te animo encarecidamente a reavivar la magia en tu vida. Hazlo al procurar que la diversión fluya con más libertad en tu vida. Disfrázate, adorna tu hogar, cómprate una varita mágica, celebra las festividades, ofrece regalos, crea sorpresas, haz actos de bondad con los desconocidos (un montón), échate purpurina, escucha la *Danza del hada de azúcar* de Chaikovsky, mira las estrellas por la noche y formula un deseo cuando veas una estrella fugaz. Recoge flores silvestres, ilumina el jardín de tu casa con figuras de hadas con luz solar (no lo hagas solo en Navidad). ¡Las posibilidades creativas son infinitas! ¡La magia está por todas partes, en cualquier sitio donde la crees!

Querido Universo

Estoy inmerso en la magia de la vida. Gracias por la visión y la sabiduría que me permiten acceder al mundo de las maravillas. Veo mi realidad con los ojos de un niño y creo en mi día a día la magia de las posibilidades.
Que así sea, así es.

MOTIVADO

LA MOTIVACIÓN ES una fuerza muy poderosa. Nos ayuda a crear transformación e inspiración, o a influir en nuestra vida o en la de los demás. Cuando estás motivado, normalmente te propones manifestar un cambio importante en tu realidad.

Recuerda

LA MOTIVACIÓN AUTÉNTICA surge en tu vida cuando estás listo para actuar de manera inspirada con regularidad. Esta intención va ganando impulso hasta crear la dinámica necesaria para manifestar resultados.

¿Qué te motiva más en la vida? Cuando reflexionas sobre esta pregunta ves con más claridad cuál es tu misión y tu objetivo en este mundo. ¿Es el dinero lo que te motiva? ¿Las causas altruistas? ¿El sufrimiento, por ser demasiado dolorosa tu situación actual? El sufrimiento es uno de los motivadores y catalizadores intrínsecos más poderosos en cuanto a provocar cambios en nuestra vida.

La motivación es prima hermana de la intención. Las dos se combinan de maravilla. Al fin y al cabo, la intención es la visión, y la motivación es el combustible para cohetes que nos permite alcanzar nuestro deseo. Para sentirte motivado en la vida tienes que aprender a empujarte con suavidad a actuar. Es muy fácil no ir al gimnasio, no inscribirte en un curso, no hacer una llamada pendiente, no limpiar el garaje o no responder un correo electrónico. La motivación es el fluir de las posibilidades infinitas, y cuando cabalgas la ola de esta energía, te lleva a oportunidades y lugares nuevos y excitantes. ¿Cuál es el primer paso que debes dar? Averigua qué te motiva y establece luego un plan de acción en tu diario para escribir una lista de todo lo que te ayudará a sentirte motivado e inspirado.

Querido Universo

Soy un conducto abierto para la briosa energía de la motivación.
Permíteme actuar de manera inspirada en mi día a día para que
se manifiesten en mi realidad los resultados que deseo ver.
Que así sea, así es.

OPTIMISTA

MANIFESTAR OPTIMISMO ES maravilloso. Pregúntate cómo puedes propiciar el ambiente perfecto para la diversión, la inspiración y la alegría a la menor oportunidad. Me gusta enseñarles a mis alumnos que busquen lo que yo llamo «la canción del alma». Es una pieza musical que sabes que te hará salir a bailar a la pista. El movimiento, sobre todo el del baile, va de perlas para sentirte lleno de optimismo y activar la energía de la felicidad.

Recuerda

CUANTO MÁS OPTIMISTA te sientas, mejor. La manifestación de nuestros deseos no es más que procurar estar contentos en el presente. Cuanto más felices seamos, más nos traerá El Universo lo que deseamos.

¿Cómo puedes compartir amor y hacer que los demás se sientan más animados? ¿Puedes subir vídeos inspiradores en las redes sociales? ¿Prometerte hacer una buena acción con un desconocido? Hay infinitas maneras de ayudar a los que lo necesitan a animarse un poco. Asume la misión sagrada de tu alma de animar a los demás para sentirte lleno de optimismo.

Querido Universo

Revélame cómo puedo ser optimista y compartir ahora esta energía con quienes la necesiten. Mi corazón está dispuesto a sentir tanta alegría como me sea posible para que mis vibraciones sean más elevadas y manifieste mis sueños y deseos.

Que así sea, así es.

73 ORGULLOSO

A ALGUNOS NOS enseñaron de pequeños que el orgullo no es bueno, pero a mí no me parece que sea malo darte una palmadita en la espalda y sentirte orgulloso de tus logros o éxitos. Cuando te sientes orgulloso del viaje que has realizado, sabes que estás viviendo la vida al máximo.

Yo me siento orgullosísima como madre. En 2018, Thomas, mi hijo, me invitó a verle participar en un concurso de japonés en un instituto del barrio. Al anunciar su nombre, subió irradiando confianza al escenario, con el micrófono en la mano, y dio una charla en japonés de cinco minutos con mucha fluidez. ¡Yo no tenía idea de lo que mi hijo decía, pero el público se echó a reír al menos tres veces! En ese momento me sentí orgullosísima de él, de todo lo que había hecho en su vida hasta ese momento.

Recuerda

TU CORAZÓN SE llena de orgullo porque sabe que lo que estás viviendo ahora representa la verdad y que se está desplegando un poderoso capítulo de tu vida.

Todos estamos realizando un viaje para expresar con autenticidad quiénes somos realmente en el mundo. Necesitamos el espacio para hacerlo sin miedo a que nos juzguen. Estar orgulloso del viaje que has vivido y de aquello en lo que te has convertido es esencial para que El Universo exprese la energía divina a través de ti.

Querido Universo

Estoy muy orgulloso de este momento. Estoy muy orgulloso de quién soy y de en quién me estoy convirtiendo. Haz que celebre el éxito de los demás en mi vida y también mis propios logros con humildad, aprecio y gratitud.
Que así sea, así es.

PACÍFICO

DEJA ESPACIO EN tu vida para ser una persona pacífica. Esta sensación es muy importante para gozar de bienestar, amor y alegría en la vida. Si eres capaz de mantenerte sereno, calmado y centrado en el ojo del huracán y de conservar la paz en tu corazón, significa que has aprendido una de las lecciones más valiosas de vivir en este mundo.

Recuerda

LA PAZ INTERIOR es un estado poderoso en el que estar.

Procura reducir el estrés y relajarte al máximo en tu vida cotidiana. El estrés es un peligro silencioso para la salud de la mayoría de personas. Pero si pones la atención en el poder de manifestar paz, gozarás de más felicidad y bienestar. La buena noticia es que tú eres quien decide dónde encontrar la paz y la relajación. Podría ser al salir a pasear por el parque, al meditar, al ver un programa por la tele o al preparar una comida deliciosa. Puedes encontrar la paz interior en cuanto haces una pausa y eres consciente de tu poder para gestionar tu energía y tus emociones.

Cada momento en el que conectes con la presencia del Universo te dará paz.

Querido Universo

Haz que la paz interior siempre prevalezca en mi vida y se revele como el camino de la menor resistencia. Ayúdame a que mis acciones, obras y palabras procedan siempre de un estado compasivo por el bien de la paz.
Que así sea, así es.

PLENO

EN ESTE MOMENTO tienes todo cuanto necesitas. Das la talla. Gozas de plenitud. Siempre te encontrarás en un viaje milagroso de amor, luz y crecimiento interior.

Recuerda

LA AUTÉNTICA SATISFACCIÓN, la auténtica paz y la auténtica personificación de la plenitud son la manifestación de quien eres en este momento y de quien serás en el futuro.

Si te descubres deseando algo, si sientes que necesitas algo, si notas que te falta algo en tu vida, recuerda que es tu intuición llamándote la atención para que te expandas. No se trata del Universo diciéndote que no gozas de plenitud, porque ya la tienes y siempre la has tenido.

La sociedad actual (y, en especial, los medios de comunicación) fomenta en nosotros la creencia de que no damos la talla. Adquirimos cosas por creer que nos falta algo. Sin embargo, cuando eres consciente de ello puedes bajarte de la demencial cinta de correr de las creencias limitadoras y negarte a seguir atrapado en el ciclo.

Formas parte de la totalidad de la realidad, del Universo, de la existencia. Formas parte de todo cuanto existe y de todo cuanto ha existido desde el inicio de los tiempos. Conviértelo en tu afirmación diaria para recordar que vales lo suficiente, que eres un ser valioso y que gozas de plenitud. Eres completo en tu imperfección, al igual que todos. Eres una persona completa en tu estado de presencia.

La conciencia colectiva del Universo te agradece infinitamente que estés aquí.

Querido Universo

Gracias por la perspectiva de ver la totalidad del campo de potencial energético. Ayúdame a sentirme siempre pleno. En los momentos en que me sienta un poco vacío, recuérdame que soy un representante, una manifestación y una energía increíbles de tu conciencia.
Que así sea, así es.

PODEROSO

ERES UN SER humano poderoso. Si llevas una vida dedicada a la alegría, emprendes acciones inspiradas desde el corazón, ayudas a la humanidad y eres compasivo con los demás, eres increíblemente poderoso. Con demasiada frecuencia dejamos nuestro poder a un lado y nos lo sacudimos de los hombros como si fuera un pelo o una pelusa. En la infancia nos inculcaron que el poder es malo y que estamos separados del Universo.

Recuerda

CUANDO HACES TUYO tu poder, puedes empezar a crear tu realidad. Entonces, el paisaje de tu vida cambia y se transfigura a tu alrededor, literalmente.

La pura esencia de sentirte poderoso transforma de forma radical tu estado mental. Dejas de funcionar desde el modelo del miedo y eres capaz de dirigir tu energía para manejar tus emociones con más sabiduría. El auténtico poder yace en recordar que eres tú el que va al volante de tu alma y que el Universo viaja en el asiento del copiloto.

Muchas personas creen que las fuerzas externas son las responsables de lo que les ocurre en la vida. Olvidan que son un continuo magnífico del poder del Universo. Dado que todo es energía, lo que pienses sobre tu propio poder determinará si la vida te sucede a ti en lugar de ocurrir a través de ti.

Afirma a diario que eres poderoso. Es tu derecho de nacimiento divino reclamar tu poder y usarlo de manera consciente para construir tu realidad.

Querido Universo

Soy un ser poderoso. Soy dueño de mi poder para crear mi propia realidad. Acepto el poder en mi corazón para vivir con amor todo el tiempo. Sintonizo con la esencia de mi poder para pedirte guía, sabiduría e ideas inspiradas. Mi fuente de poder está muy llena cuando conecto con el fluir energético de las posibilidades ilimitadas. Mi poder aumenta cuando soy útil a los demás.

Que así sea, así es.

POSITIVO

LA POSITIVIDAD ES un estado excelente para el corazón. Si procuras ver siempre el lado bueno de la vida, ningún aguafiestas podrá dejarte con el ánimo por los suelos.

Recuerda

EL PODER DE la positividad puede transformar tu realidad muy deprisa.

A menudo habrá situaciones y episodios en tu vida que tacharás de «negativos». Pero no olvides que la mayoría de problemas tienen su lado positivo si te propones buscarlo. Si estás dispuesto a ver tu situación actual como pasajera, descubrirás que también tiene sus ventajas.

Ten además en cuenta que no puedes (ni debes) ser superpositivo en todo momento. Es prácticamente imposible verlo todo de color rosa, fabuloso y estupendo a cada momento. Para progresar en la vida necesitamos, y debemos, experimentar energías opuestas. La manifestación no puede darse sin los altibajos de la vida, ya que son los que nos empujan a vivir una nueva realidad emocionante y excitante. Pídele siempre al Universo que te vuelva a recordar que todo tiene su lado bueno...

Querido Universo

Confío en que todo lo que estoy viviendo ahora tendrá resultados positivos. Sé que puedo elegir y gestionar mi energía. Ayúdame a proponerme ver lo bueno que hay en mi vida para agradecerlo.
Que así sea, así es.

PRESENTE

SI SIENTES QUE estás presente en este momento, significa que te encuentras en el instante de creación más importante y primordial. Los momentos de presencia de tu vida son un regalo en los que se te revela la magia del Universo.

Recuerda

CUANDO DESCUBRES QUE eres consciente del momento presente y del poder del ahora, vislumbras quién eres realmente. Recuerdas tus superpoderes.

Muchas personas tienden a vivir en el pasado —un espacio de tiempo que ya ha sucedido— y lo siguen reviviendo una y otra vez deseando que hubiera sido distinto. Y muchas otras son proclives a soñar despiertas sobre el futuro, esperando que las cosas cambien y sean totalmente distintas de cómo son ahora. Pero lo que ante todo debes recordar es que, si tu atención se centra en cualquier cosa que aparezca en tu realidad actual y la agradeces, El Universo fluirá a través de ti con más milagros.

Reflexiona sobre los momentos en los que más presente has estado en tu vida. Escribe en tu diario los Diez Momentos de Mayor Presencia. Uno de los míos fue sostener en brazos a mis hijos por primera vez mientras me miraban rodeándome el meñique con sus deditos. También estaba totalmente presente cuando me casé con mi alma gemela y pronuncié mis votos matrimoniales de mi corazón al suyo. Estoy también presente en la vida cuando medito, cuando disfruto de una deliciosa copa de vino tinto o de una sabrosa comida, cuando contemplo una obra de arte exquisita o al entrar en un estado de fluir mientras escribo. En cualquier momento de presencia estás experimentando el instante maravilloso de un acuerdo mutuo con El Universo. Esta es la esencia del amor.

Querido Universo

Soy ahora consciente de la quietud y la presencia que estoy sintiendo en este momento. Dejo que todo mi ser se relaje en esta energía de la entrega. Haz que tenga propiedades renovadoras para mí y que me permita superar la tentación de no estar presente en la vida. Me dejo llevar ahora por el momento, y advierto cómo el estado de presencia me sosiega el alma a muchos niveles.

Que así sea, así es.

79 PRÓSPERO

SI SIENTES AHORA que eres una persona rica, estás magnetizando tu situación actual y atrayendo más prosperidad a tu realidad.

Recuerda

CUANTO MÁS SINTONICES con la corriente de la abundancia y más te permitas sentirla, más prosperidad atraerás a tu vida.

La sensación de riqueza es muy subjetiva. Por ejemplo, cuando era una madre soltera que vivía por debajo del umbral de la pobreza, me sentía infinitamente agradecida y rica cada vez que me ingresaban en mi cuenta los cheques de las prestaciones sociales. Representaban que podría salir adelante dos semanas más. La verdadera riqueza entraña la esencia del agradecimiento por todo cuanto aparece en nuestra vida.

En 2010 a Sean y a mí nos ayudaba económicamente un tipo que, al parecer, tenía sobre el escritorio contratos que le reportaban más de mil millones de dólares. Pero en la ciudad circulaba el rumor de que solo le quedaban 100 millones y que se las veía moradas para llegar a fin de mes. A una persona «corriente», este miedo le puede parecer absolutamente ridículo. Pero adoptar la mentalidad de la abundancia o la de la escasez no es más que una elección personal.

Algunas personas sienten la energía de la culpabilidad al desear ser ricas en la vida. Esta actitud aleja la energía de la posibilidad de manifestar la prosperidad en nuestra vida cotidiana para vivir cómodamente (y para ayudar a otros a vivir con desahogo). Siempre les estoy recordando a mis alumnos de la Academia de Manifestación que el dinero es energía. Es una moneda de transacción a cambio de conocimiento (que no es más que energía). Cuanto más ricos nos sintamos y más creamos estar atrayendo la abundancia a nuestra vida, más libres seremos.

Querido Universo

Le proclamo a la energía de todo cuanto existe que soy una persona rica. Mi mentalidad está orientada a la abundancia, y creo que hay bastante prosperidad para todos. Me permito llevar por completo una vida de libertad económica que me alimente el alma por medio de un propósito en la vida y de la colaboración. Muéstrame un camino de ideas inspiradas para explorar.

Que así sea, así es.

80 PROTEGIDO

CUANDO TE SIENTES protegido, esta sensación te ayuda a relajarte y a confiar en que estás a salvo de cualquier peligro. Creo que a la mayoría de personas, por no decir a todas, nos protegen nuestros espíritus guías o nuestros ángeles de la guarda desde lo alto. He leído muchas historias de personas que se han librado por los pelos de incidentes que podían haberles costado la vida como para no confiar en que unos seres especiales nos ayudan desde los reinos inmateriales al guiarnos a un lugar seguro.

Recuerda

TEN LA CERTEZA en tu corazón de que te guían y protegen en todo momento. Cuanto más confíes en ello, más seguro te sentirás.

Cuando vivíamos en Australia, un día Sean y yo íbamos con el coche con un pequeño retraso a recoger a nuestros hijos al colegio. Como no había ningún sitio donde aparcar, le dije que se detuviera un momento para que yo pudiera bajar a recogerlos mientras él seguía dando vueltas. Pero al ir a abrir la portezuela del coche, oí de repente una voz en mi cabeza diciéndome «¡NO!»

Me quedé helada y me detuve en seco. En ese instante pasó un autobús a toda velocidad por el carril indebido. Si hubiera abierto la puerta y me hubiera bajado del coche, el autobús me habría matado en el acto.

Son esos bellos susurros del alma y avisos intuitivos recibidos en el momento necesario los que nos salvan el pellejo y evitan que corramos un grave peligro. Sentí una gratitud inmensa por haberme protegido en ese instante, ¡alguien velaba por mí! En tu lista diaria en la que agradeces las cosas buenas de la jornada, no te olvides de incluir una pequeña nota de amor para los seres que te protegen.

Querido Universo

Gracias por ponerte de acuerdo con mis guías y ángeles para protegerme y mantenerme a salvo. Confío en que todo sucede como tiene que suceder y que me mantienen fuera de peligro, me amparan y me protegen de las tormentas de la vida en estos momentos.

Que así sea, así es.

QUERIDO

PARA MANIFESTAR LA energía de sentirte querido en tu vida tienes que querer a los demás. Mi marido y yo creemos que, después de sufrir cinco abortos espontáneos seguidos para que Lulu Dawn, nuestra hija, se manifestara en nuestra vida, en realidad se trataba de la misma alma intentando venir al mundo. Cada día le decíamos: «Gracias por estar aquí». Lulu siempre nos está repitiendo esta frase, como si supiera tácitamente que la queremos con locura por haber hecho el viaje hasta aquí, pese a todas las dificultades.

Recuerda

SENTIR QUE LOS tuyos te quieren es importantísimo. Abre tu corazón y hazte un hueco en tu vida para que te hagan sentir especial.

Mollie, mi abuela, solía viajar de Nueva Zelanda a Australia al menos una vez al año para pasar un tiempo con mi hermana y conmigo cuando éramos más jóvenes. La íbamos a buscar al aeropuerto, y de vuelta a casa se sentaba en el asiento trasero del coche, en medio de las dos. Casi octogenaria, sus manos surcadas de arrugas eran muy suaves, como si hubiera vivido mucho y cuidado a mucha gente. Durante el trayecto, me apretaba la mano con fuerza por estar loca de alegría de vernos. Sostener simplemente la mano de mi abuela me hacía sentir muy querida. Ella sonreía de oreja a oreja, contenta a más no poder por estar al lado de sus nietas.

Saca tu diario y haz una lista de cómo te has sentido querido a lo largo de tu vida (por más pequeña que haya sido la sensación). Y luego emprende la misión de hacer que los demás se sientan queridos de la misma manera para dejarles unos recuerdos especiales.

Querido Universo

Me siento muy querido en mi vida. También estoy revelando y manifestando la experiencia de amar a los demás para que se sientan queridos.
Te doy las gracias por estar ahí en este viaje y por mostrarme que sentirte querido es una poderosa energía.
Que así sea, así es.

RECONFORTADO

¿QUÉ TE RECONFORTA? La sensación de confort es importantísima. Cuando éramos niños, eran nuestros padres o cuidadores los que nos apoyaban y reconfortaban con palmaditas en la espalda, abrazos, besos y un apoyo incondicional. Y, a medida que crecemos, aprendemos a reconfortarnos nosotros mismos.

Recuerda

LA VIDA ESTÁ llena de altibajos. De ti depende saber reconfortar tu alma sin echar mano de hábitos de autosabotaje.

Cuando nací, mi padre me hizo una manta a la que más tarde llamé «mi peluche». La llevaba conmigo a todas partes. A los 18 la había querido tanto que los motivos tejidos a mano y los puntos de cruz eran irreconocibles. La manta con la que me envolvieron cuando nací no era ahora más que una masa de lana gris y desgastada.

En los primeros años de mi matrimonio con Max dejaba sobre mi almohada un pedacito de «mi peluche». Para no llorar cada noche hasta dormirme agotada, me calmaba pegándomela a la mejilla. Ahora me reconforto con otras cosas; por ejemplo, me aplico unas gotas de aceite esencial de jazmín en las muñecas, acuno a mi hijo o me sirvo una deliciosa copa de vino tinto para relajarme después de una larga jornada. Averiguar qué te reconforta significa que, cuando la vida se vuelve frenética (y se volverá así), dispones de una lista de recursos en tu caja de herramientas para mimarte.

Algunas ideas para relajarte son darte un baño con agua caliente y sales de Epsom, tomar el sol, echar una siesta, mirar una comedia hilarante, recibir un masaje, llamar a una amiga…, cualquier actividad que sirva para mimarte y relajarte. Por supuesto, la meditación es siempre una forma estupenda de ser reconfortado por la magia del Universo…

Querido Universo

Ayúdame a sentirme reconfortada ahora mismo para desconectar de mis problemas, preocupaciones o dolencias. Reemplázalos por la fe inquebrantable en que «esta situación también pasará un día», para que el equilibrio y el bienestar sean mi realidad cotidiana.
Que así sea, así es.

RELAJADO

A VECES LO más productivo que puedes hacer es relajarte.

Recuerda

LA VERDADERA ESENCIA de la relajación se activa al inclinarte por la plenitud maravillosa de la vida y cuidar ante todo de ti.

La mayoría de las personas se exceden en distintos aspectos. Toman demasiado café, no duermen lo suficiente o dejan que el estrés ensombrezca su felicidad. Haz un hueco para descansar y para que se manifiesten las cosas que quieres.

Para llevarlo a cabo adopta una rutina que te permita sustentarte y desconectar de las exigencias de la vida cotidiana.

Para empezar, puedes recibir un masaje, preparar una comida deliciosa o darte un baño con agua caliente. O también puedes estar en contacto con la naturaleza. El silencio, la quietud y la ausencia de distracciones son lo que te ayudará a recalibrar tu alma con más rapidez. Vivo al lado de un lugar llamado Red Rock Canyon, en Las Vegas. En 2017, para el cumpleaños de Sean, nos fuimos de excursión al desierto. Estuvimos caminando cerca de una hora por las montañas, por un paraje con piedras, rocas y, de vez en cuando, cactus con flores de un vivo color rosado. La quietud del lugar infundía una gran calma y nos sentimos muy relajados. Era un espacio delicioso muy relajante, sin ruidos y sin las interferencias de los aparatos electrónicos.

¿Qué te relaja más? Escribe en una hoja de papel una lista de lo que puedes hacer en las próximas doce horas que te ayude a descansar de las exigencias de la vida cotidiana.

Querido Universo

Muéstrame cómo puedo disfrutar del momento presente y relajarme. Permíteme dejarme ir con todo mi ser y relajarme para sentirme revitalizado en mi vida. Ayúdame a recordar que la relajación es una parte vital de mi rutina para cuidarme.
Que así sea, así es.

REVERENTE

SI AHORA SIENTES reverencia o si estás buscando cómo despertar en ti la esencia de la reverencia, básicamente lo lograrás siendo respetuoso. La reverencia consiste en ver con hondura e intensidad lo importante que es apreciar las fuerzas cósmicas que crean tu realidad. Tanto si las llamas El Universo, como Dios, la Fuente o el Todopoderoso, el respeto que sientes en tu corazón reforzará tu conexión con ellas.

Recuerda

CUANDO ACEPTAS QUE El Universo es tu cofundador, tu cocreador y tu copiloto, te manda más magia creativa y colaboradora con la que jugar para que la experimentes en tu vida.

La reverencia suele manifestarse durante la meditación y la oración. Al agradecer al Universo todo cuanto te envía a tu realidad, tu corazón se abre a un sinfín de posibilidades nuevas y excitantes. También te recuerda que no estás solo en esta aventura de la vida, pues El Universo te está ayudando, guiando y ofreciendo un constante torrente de sabiduría en tu camino.

Emplea esta meditación para sumirte en la belleza de la reverencia.

Querido Universo

Te agradezco todo cuanto me ha ocurrido en la vida. Sé que me estás guiando y protegiendo en mi viaje y confío en ello. Te lo agradezco mucho, y te doy las gracias con toda mi alma por la sabiduría y los susurros intuitivos que me envías.
Que así sea, así es.

SATISFECHO

LA SATISFACCIÓN ES uno de los mejores estados para tu cuerpo, tu mente y tu espíritu. Para manifestar más satisfacción en tu vida, haz cosas que te hagan feliz y con las que tu corazón casi estalle de felicidad al no haber ninguna otra cosa que pueda mejorar tanto tu realidad.

Recuerda

PARA VIVIR MOMENTOS de satisfacción no es necesario que todo sea perfecto en tu vida.

Puedes tener más de 100 minimomentos de satisfacción durante el día, ¡y estos se van acumulando! Procura reconocer a lo largo de la jornada ciertas situaciones como «minimomentos de satisfacción». Los míos son, por ejemplo, cuando beso en las mejillas a mi hija pequeña por la mañana. En ese momento de conexión con Ava me siento contentísima. Si necesitas una pequeña ayuda del Universo, prueba la siguiente visualización y juguetea con él.

Imagina que te encuentras en un jardín de meditación con vistas al mar. Estás sentado cómodamente sobre la hierba con las piernas cruzadas. La brisa marina tiene la temperatura ideal, no es ni demasiado caliente ni demasiado fría. Oyes el murmullo de las olas en la orilla, rompiendo suavemente en la arena, y risas de niños a lo lejos. Todo tu cuerpo se siente cómodo. En este momento te sientes a gusto en tu piel, en tu mente y en tu corazón.

En este estado puro de satisfacción y de unicidad te das cuenta de que no quieres ni deseas nada. Ves lo relajado que es el ritmo de tu respiración y la deliciosa satisfacción que sientes. Es como si fueras uno con la hierba sobre la que estás sentado. Uno con el mar que se extiende ante ti. Uno con el cielo, las nubes y la calidez del sol pegándote en la piel. Este momento es la encarnación visual de la satisfacción.

Querido Universo

Te agradezco inmensamente la gran felicidad y satisfacción que siento ahora.
Cuando necesite volver a recuperar la esencia de este momento te pediré
que me recuerdes en mi mente este sentimiento.
Estoy manifestando esta experiencia en mi realidad actual.
Que así sea, así es.

SEGURO DE MÍ MISMO

SI CONFÍAS EN quién eres y en cómo te presentas en el mundo, estás viviendo en la realidad maravillosa de la seguridad. Muchas personas darían lo que fuera para confiar más en sí mismas y ser más asertivas.

Recuerda

LA CONFIANZA SE manifiesta en distintos grados y de distintas formas, y también se puede describir según muchas categorías distintas. De modo que te mereces confiar en ti a tu propia manera.

En mi opinión, mientras la confianza vaya unida a una sensación de humildad y de compasión por los demás, la proyectaremos desde un estado de autenticidad. Cuando adoptamos una política de «no disculparnos nunca» y de «no aceptar haber tenido fallos» en nuestra forma de actuar en el mundo, esta actitud se traduce como egocentrismo y egoísmo. Por otro lado, podemos confiar silenciosamente en nosotros mismos y cambiar las cosas de manera increíble en el mundo.

Scott deMoulin, un buen amigo mío, enseña a los empresarios a desarrollar su propia plataforma de habilidades comunicativas. He asistido a sus famosos cursos y he sido testigo de lo importante que es la confianza en uno mismo. La observación que más me fascinó fue que personas que yo suponía que tenían una gran confianza en sí mismas admitieron estar nerviosas cuando hablaban en público. A lo que Scott repuso con esta poderosa frase: «Si no lo muestras, no lo descubrirán». Significa que, si te sientes nervioso o tu confianza flaquea un poco, probablemente no será evidente a no ser que digas algo.

El Universo quiere que cultives la confianza en ti, y sobre todo que confíes en que estás siguiendo el camino correcto, en este momento, y en el momento oportuno.

Querido Universo

Gracias por la enorme confianza que siento en este momento sobre quién soy y a dónde me dirijo en mi vida. Haz que mi energía hable más fuerte que mis palabras. Ayúdame a mantener la calma y a manifestar la esencia de la inclusión, la compasión y el entendimiento con quienquiera que me cruce.

Que así sea, así es.

SENSUAL

LA SENSUALIDAD ES un elemento muy importante para alimentar tu energía femenina o masculina. Marla Mattenson, una querida amiga mía experta en relaciones, me presentó lo que ella llama «espectro de género». Me encanta este enfoque porque significa que la energía fluctúa y que no tiene por qué basarse de manera fija en el género de uno. Dado que ambos sexos personifican una distinta energía en distintos momentos, es un punto de vista valioso a tener en cuenta.

Recuerda

LA SENSUALIDAD ES una gran fuerza de la sabiduría natural y la encarnación de la energía y la esencia divinas.

Por desgracia, muchas personas han reprimido sus niveles de sensualidad debido al desequilibrio, al sufrimiento, a la angustia o a traumas del pasado.

Para empezar el proceso curativo y abrir tu corazón a la manifestación de la sensualidad en este instante, imagínate que estás sentado sobre una flor gigantesca. Puedes verte desde fuera y adviertes que tu cuerpo está rodeado de una preciosa luz violeta muy luminosa. Establece ahora en tu mente la intención de liberar cualquier energía que tenga que ver con el tema de la sensualidad. Imagínate cómo puedes ser más afectuoso y cariñoso por medio del contacto físico, los cuidados, las experiencias y el aprecio de la belleza. ¿Cómo te sientes ahora? ¿Cómo afecta esto a la intimidad que compartes en tu relación de pareja y a la relación que mantienes contigo mismo?

Cuando estés listo, establece esta intención con El Universo:

Querido Universo

Soy un ser sensual que necesita el contacto físico, la intimidad, la cercanía y la conexión para progresar en la vida. Acepto por entero cualquier parte mía, sin juzgarla ni criticarla. Ahora siento el amor que sé con absoluta certeza que me merezco incondicionalmente.

Que así sea, así es.

88 SERENO

LA SERENIDAD ES la calma después de la tormenta. Es esa experiencia mágica de tranquilidad que nos hace sentir como si disfrutáramos del descanso que tanto nos merecemos por primera vez después de mucho tiempo.

Recuerda

LA SERENIDAD ES buena para sentirte bien. Cuanto más sintonices con la serenidad y más sereno te sientas, más armonía generarás en tu cuerpo, tu mente y tu espíritu.

En 2014 tuve cinco abortos espontáneos seguidos. Vivíamos en Melbourne, Australia, y sabía que o procuraba serenarme o podía sufrir una crisis mental de la que tal vez nunca más me recuperara. Sean —mi marido—, mis dos hijos mayores y yo decidimos mudarnos de nuevo a Noosa, en la costa de Australia. Allí es donde me había enamorado de Sean varios años antes. Me había trasladado a este lugar para recalibrar mi alma después de dejar definitivamente a Max, así que era consciente de los poderes curativos mágicos de vivir al lado del océano.

La casa que alquilamos se alzaba en la punta de un acantilado que daba al océano. En la planta superior estaba mi dormitorio, y al abrir las ventanas se oía el rugir de las olas por la noche. La vista era una gozada, te infundía serenidad. A menudo divisábamos ballenas, delfines y arcos iris magníficos. Mi alma se empezó a curar rápidamente gracias a la relajante conexión con el agua. A las dos semanas de habernos mudado a esta nueva casa, me quedé embarazada de mi hija Lulu. Lo único que tuve que hacer fue buscar la serenidad y saber dónde encontrarla.

Querido Universo

Revélame el lugar perfecto para encontrar la serenidad en el exterior para que la encuentre en mi interior. Dejo por completo que la energía de la tranquilidad y la quietud se manifieste en mi realidad.
Que así sea, así es.

---

89 SERVICIAL

SER SERVICIAL ES participar en la esencia del servicio. Constituye un elemento poderoso en el proceso de la manifestación. Preguntarte constantemente cómo puedes ayudar más a la gente es una forma de generar más alegría en tu vida y en la de los demás.

Recuerda

SER SERVICIAL VIENE de un buen corazón. En estos momentos el mundo necesita la mayor cantidad posible de personas bondadosas.

Abrirle la puerta a alguien es un acto útil de bondad. Al igual que indicar a alguien cómo ir a una determinada dirección cuando nos lo pide. O, si vemos que una persona necesita algo y le echamos una mano, le podemos estar haciendo un gran favor en un momento difícil para ella. Sentir que estamos en realidad haciendo algo importante y cambiando las cosas en el mundo es una forma estupenda de darle más sentido a nuestra vida y de aumentar nuestro sentido de la identidad.

Las personas serviciales aparecen cuando más necesarias son, ocurra lo que ocurra. Los primeros que acuden a prestar ayuda en la escena de un asesinato masivo causado por un tiroteo o de un desastre natural son los verdaderos ángeles y héroes de nuestra sociedad. Entran en acción y ayudan a la gente, pese al peligro. Lo hacen porque recuerdan que todos estamos en esto juntos y que siempre debemos tratar a los demás como nos gustaría que nos trataran.

En una ocasión vi a una anciana desplomarse en el supermercado. Había seis personas a su alrededor. Tres avanzaron y se arrodillaron para ayudarla. Y las tres restantes se hicieron a un lado y se alejaron rápidamente. Le puse la mano en el hombro y le pregunté si se encontraba bien.

«Sí, querida. Gracias», repuso. No cuesta demasiado ser servicial, pero cuando echas una mano a alguien te sientes de maravilla, porque estás conectando con lo que es importante en la vida y dando lo mejor de ti.

Querido Universo

Revélame cómo puedo serles más útil a mis amigos, a mis seres queridos y a los desconocidos. Permíteme ayudar a los demás y muéstrame cómo puedo echarles una mano a quienes lo necesiten.

Que así sea, así es.

 # SEXI

 tremendamente importante, no es una sensación que debamos dejar a un lado y rechazar. El sexo y hacer el amor es nuestra forma de conectar con las personas importantes de nuestra vida. La sensualidad condensa la energía de la diversión, la creatividad y la posibilidad de establecer un vínculo, y además la esencia divina de la verdadera unión. ¡Es cuando saltan chispas y ocurre la magia!

Todos queremos sentir que tenemos un cierto atractivo sexual. Sin embargo, los medios de comunicación nos bombardean con potentes imágenes retocadas con Photoshop sobre lo que, comercialmente, se considera «sexi». Pero no es más que un engaño (basado sobre todo en objetivaciones y estereotipos) concebido para generar ventas de perfumes, de ropa interior, de automóviles y de cualquier otro producto que se les ocurra. No debemos aceptar la idea de lo que sectores de la sociedad catalogan como «sexi». Al igual que nunca debemos caer en el engaño de desear lucir un «cuerpo playero» o un «cuerpo de bikini», porque si estamos en la playa ya tenemos un «cuerpo de lo más playero». Es un punto de vista falso pensado para hacernos sentir mal en nuestra propia piel con el fin de que acabemos gastando dinero en nuestro aspecto físico.

Recuerda

TÚ ERES EL que define lo que te parece sexi y el modo de actuar de alguien que se siente sexi y se expresa a sí mismo en este sentido.

La sensualidad es un estado mental.

A veces, nuestra idea de lo que es o no es sexi es una creación mental que en realidad nos impide ser la verdadera expresión de lo que realmente sentimos y de quienes somos de verdad.

Querido Universo

Me acepto tal como soy y sé que soy supersexi a mi bella manera.
Ayúdame a recordar que la confianza en mí mismo es el secreto
para superar la impresión de no valer lo bastante. Haz que encarne la esencia
de la sensualidad a mi propia manera. Soy una persona valiosa.
Que así sea, así es.

SUSTENTADO

> «Que tu alimento sea tu medicina
> y que tu medicina sea tu alimento.»
> — HIPÓCRATES

SENTIRNOS ALIMENTADOS A cada nivel de nuestro ser es el camino más rápido para gozar de bienestar físico, mental y espiritual. No solo nos alimentamos de lo que elegimos comer, sino también de los estímulos que dejamos entrar en nuestra mente. Significa que si estamos constantemente leyendo, participando en, o mirando historias terroríficas y otro tipo de violencia, no estamos alimentando nuestra mente ni protegiendo nuestra conciencia de imágenes perturbadoras. Yo siempre me tapo los ojos cuando veo películas de terror o programas televisivos de una violencia gratuita. Los estudios demuestran que esta clase de imágenes afectan al subconsciente. Hace que el torrente sanguíneo se llene de cortisol, lo cual nos impide alimentarnos adecuadamente. Dicho esto, tenemos que ser realistas. Estar al día de las noticias es un ejemplo de la oportunidad para adoptar un determinado punto de vista y para ser compasivos.

Recuerda

CON INDEPENDENCIA DE lo que elijas meterte en el cuerpo y dejar que entre en tu mente, alimentará tu alma o minará tu conexión con El Universo. Depende de tu punto de vista y de la energía con la que afrontes la situación.

En mi opinión, la relación que mantenemos con la comida está muy ligada a la que mantenemos con el Universo. La comida es el combustible para gozar de un cuerpo sano y vital, y nos recuerda que debemos agradecer los alimentos que aparecen en nuestra realidad a diario. Los alimentos son la prolongación del amor que El Universo siente por nosotros, por eso es tan importante que sean una prioridad en nuestra vida.

Como práctica diaria, agradece los elementos que ayudan a crecer a los alimentos que tomas, como el sol, el aire, el agua, los agricultores y la energía de la abundancia que te permite mantenerte sano con una buena alimentación. Convierte esta práctica en tu meditación sobre la gratitud.

Querido Universo

Te doy las gracias por los alimentos que sustentan mi fuerza vital.
Respeto mi criterio para elegir una comida saludable y prometo dirigir
mi energía para gozar de un bienestar constante. Y si a veces elijo comer pizza
o tomar vino, que mi compasión por mí mismo se convierta en mi alimento y
en mi sabiduría para elegir otra comida más saludable la próxima vez.
Que así sea, así es.

TOLERANTE

VEO QUE OTRAS personas desean constantemente ser tolerantes con los demás y con los acontecimientos de su vida. A veces la tolerancia significa aceptar una situación poco deseable, pero he incluido esta emoción en la sección de «Haz tuyo el amor» porque son muchas las personas que aspiran a ser más tolerantes en su vida.

No me malinterpretes; todos podemos aprender a ser más tolerantes en lo que respecta a distintas creencias y ópticas. Sin embargo, hay personas que son tolerantes en detrimento suyo, sobre todo en sus relaciones personales.

Recuerda

AQUELLO QUE MANIFIESTAS es lo que toleras en tu vida.

Estar dispuesto a aceptar creencias, sentimientos o hábitos diferentes a los tuyos es un acto muy noble, aunque hacerlo a expensas de tu sentido de identidad ya es otra cosa muy distinta.

La personificación de una persona tolerante que encarna la esencia de la tolerancia es quizás alguien que trabaja en el departamento de reclamaciones de una empresa. Se pasa el día entero tratando con clientes enojados y descontentos que expresan su irritación.

No es necesario que manifiestes la energía de la tolerancia en tu vida. Aunque debes ser paciente, ya que la paciencia es un rasgo muy positivo. Ser tolerante es una oportunidad para comprobar si realmente personificas los principios de la aceptación o si estás arrojando por la borda tu sentido de la identidad.

Querido Universo

Permíteme analizar qué cosas de las que tolero en mi vida podría transformar enormemente al cambiar mi energía. Muéstrame cómo puedo ser más bondadoso y compasivo sin perder mi sentido de la identidad.
Que así sea, así es.

TRANSFORMADOR

CUANDO VES QUE te encuentras en una etapa transformadora de manera intencionada, la vida se vuelve más mágica y excitante. Tal vez estés intentando aprender algo nuevo. Quizá procures hacer ejercicio para ganar fuerza muscular. O aprendas técnicas nuevas para que en tu vida cotidiana reine más paz y armonía en tu relación. El secreto está en comprometerte a ser un estudiante toda tu vida, a cambiar y madurar constantemente.

Kaizen (改善) significa en japonés «mejora» o «cambio para mejor». Esta filosofía se ha incorporado a distintos *coaching* de vida y modelos de psicoterapia como un estado que alcanzar. Cuando nos comprometemos a estar transformándonos toda la vida, el mundo de nuestro alrededor cobra un gran sentido y conectamos con él profundamente.

Desde el día que llegaste a este mundo como un recién nacido, has estado viviendo la aventura más maravillosa, llena de constantes cambios. La naturaleza cíclica de la existencia nos recuerda con viveza que la transformación es inevitable. Al fin y al cabo, no eres la misma persona de hace cinco minutos y, mucho menos aún, la de cinco años atrás. Tu cuerpo ha generado células nuevas, has tenido pensamientos nuevos, y tanto por dentro como por fuera tu realidad se está renovando constantemente.

Recuerda

PARA CELEBRAR Y aceptar la transformación en tu vida debes respetar tu propia maduración y tu propio desarrollo personal. Si reflexionas sobre ello, verás que la vida es un viaje creativo que está evolucionando constantemente.

Querido Universo

Permíteme recordar que las distintas etapas de la vida son un elemento natural y esencial del viaje de mi alma. Ayúdame a aceptar los cambios en mi vida y a respetar la naturaleza cíclica de la experiencia humana.
Que así sea, así es.

ÚNICO

SENTIRSE ÚNICO ES una manifestación fabulosa. Seguramente no querrás ser «normal» o como cualquier otra persona, ¿verdad? ¡Eres un ser único! Al igual que no hay dos copos de nieve iguales o dos huellas dactilares idénticas, es la inusual belleza de tu alma lo que le ofreces al mundo. Cuando te sientes único, destacas entre los demás y creas cambios poderosos y significativos.

Recuerda

LOS AUTÉNTICOS REVOLUCIONARIOS y visionarios del mundo poseen una clase de genialidad muy poco común y su propia forma de expresarla. Todos (sin excepción) tenemos algo único para ofrecerle al mundo.

Si deseas manifestar en el mundo que eres único, prueba la siguiente visualización para activar la magia del Universo dentro de ti.

Imagínate que estás sentado delante de un precioso baúl del tesoro dorado decorado con gran exquisitez. Abres fácilmente los candados con la mano. Al levantar la cubierta, ves que sale del interior un precioso resplandor rosado. Dentro del baúl descubres el cristal más grande que has visto en tu vida. Y, al observarlo con más detenimiento, adviertes que es una de las piedras preciosas más codiciadas e inusuales que existen en el mundo: un diamante rosa extraído de las cuevas de la costa de Islandia. Sientes las vibraciones sanadoras, creativas y cálidas que irradia. ¿Qué otras sensaciones te produce el diamante rosa? Detente un momento y escribe tres cosas que esta visión te haya hecho sentir.

Estas tres cosas son en el fondo los aspectos únicos que sientes tener. ¡TÚ eres la piedra preciosa! Solo hay una en el mundo entero, y tiene una misión sagrada que cumplir.

Querido Universo

Ayúdame a aceptar mi propia magnificencia y singularidad para llevar a cabo mi misión. Haz que confíe en que no he nacido para ser como cualquier otra persona, porque mi plan divino no es colaborar en el mundo a la ligera.
Te doy las gracias por ser consciente de quien realmente soy.
Que así sea, así es.

VALIENTE

LA VIDA ESTÁ llena de oportunidades para ser valiente. Una noche, al llegar a casa, me encontré con Max, mi primer marido, dando vueltas por nuestro hogar presa de un ataque de furia, buscando una caja de cerillas. Había apilado toda mi ropa en el jardín trasero y la había rociado con gasolina para prenderle fuego. También me había destrozado el portátil a martillazos, me había partido en dos el escritorio a hachazos y había roto las fotos especiales de mis hijos. Lo único que me quedaba entero era la ropa que llevaba en la mochila.

Aquella noche era Max el que se ocupaba de cuidar a nuestros hijos. Les oí sollozar débilmente desde el dormitorio. Aparté las mantas y me encontré con dos niños aterrorizados. ¡Con los ojos desorbitados! Casi podía oír el corazón latiéndoles desbocadamente en el pecho de lo asustados que estaban.

«Sed valientes. Estoy aquí. Estáis a salvo.»

Hasta ese día, nunca había llamado a la policía cuando Max me había agredido físicamente. Pero cuando vi que me había destrozado mis cosas, supe que debía entrar en acción.

En cuanto llegó la policía para tomar declaración y arrestar a Max, me inundó una extraña sensación de claridad. El único momento en que me flaqueó un poco el valor fue cuando el agente de policía me preguntó los nombres y la edad de mis hijos. Tuve que sacar fuerzas de flaqueza para asegurarme de que mis hijos se sintieran seguros a partir de ese día. No dejé a mi marido en el acto, pero fue el comienzo de mi decisión de liberarme de una vez por todas de una situación tan tóxica.

Recuerda

ERES MUCHO MÁS fuerte de lo que crees.

Querido Universo

Ayúdame a ser valiente cuando sea necesario.
Permite que mi corazón tenga presente que en la vida nunca
me encontraré con más de lo que pueda manejar.
Que así sea, así es.

96 VALIOSO

TIENES TODO EL derecho a sentirte valioso, porque eres un ser humano maravilloso. Todos tenemos defectos, imperfecciones, rarezas, remordimientos y fallos, y también damos rodeos espirituales, y todo esto nos hace perfectos en la imperfección.

A lo largo de los años he trabajado con miles de personas para ayudarles a manifestar sus sueños. Y sé que lo que más les impide llevar una vida magnífica es sentir que no valen lo suficiente. Tal vez nos cuestionemos a nosotros mismos, dudemos de nuestros deseos o no queramos tener más éxito que los miembros de nuestra familia.

Aprecia y valora lo valioso que eres, como si fuera una flor rara y exótica que tuvieras que abonar y regar en tu mente a cada momento.

Recuerda

APRENDE A SILENCIAR la vocecita en tu corazón diciéndote que no vales lo suficiente.

El Universo ha sembrado esos susurros en tu conciencia para desafiarte a superarlos y recordar que eres un ser valioso. Es tu llamada para hacer uso de tu poder y ser compasivo y bueno contigo mismo con viveza. Aprender a recibir es también esencial para desarrollar una sensación de valía. En lugar de rechazar los elogios, diciendo que un regalo «es demasiado» o negarte a pedir ayuda, no te olvides de quererte con todo tu ser y de sentir que vales. ¿Por qué? Porque es así. Siempre has sido valioso y siempre lo serás.

Querido Universo

Estoy conectado con la pura esencia de mi alma. Tengo presente que valgo todo cuanto mi corazón desee. Doy la talla. Ahora monto guardia en la antesala de mis pensamientos y rechazo a los que ponen en duda mi valía. Cuanto más valioso me siento, más tengo para dar a los demás.

Que así sea, así es.

VIBRANTE

RETÉN EN TU corazón la poderosa intención de llevar una vida vibrante.

Para sentirte rebosante de vitalidad aliméntate saludablemente, mantén conversaciones edificantes, haz ejercicio, dedícate a lo que te apasiona y rodéate de la energía de la felicidad.

Recuerda

TODO CUANTO EXISTE en El Universo es energía vibrando a una determinada frecuencia. Si afirmas que te sientes vibrante y lleno de energía, tu realidad será la manifestación del bienestar.

En mi opinión, nuestros colores preferidos son los que más nos ayudan a subirnos el ánimo, sobre todo los vivos. Durante años me gustó el color rosa, fue mi preferido a los treinta. A los veinte estaba obsesionada con el violeta, y ¡quién sabe cuál será mi color favorito a los cuarenta! La cuestión es recordar que cualquier color que te guste puede alegrarte el corazón. En mi estudio tengo una orquídea fucsia sobre el escritorio y en la pared un cuadro de color rosa. También tengo notas adhesivas rosadas, marcadores fluorescentes del mismo color y, por supuesto, mi colección de cristales de cuarzo rosa sobre mi altar de las manifestaciones.

Los cristales de cuarzo son otra forma excelente de hacer subir tus vibraciones para sentirte más vital. Cuando te sientes lleno de energía, emanas una confianza maravillosa y singular. Por lo que El Universo puede jugar mucho más con tu energía, ya que estás receptivo. Deja que esta sea tu meditación para sintonizar con las vibraciones de tu corazón y de tu alrededor:

Querido Universo

Mi vida está llena de vitalidad. Mi energía habla más alto que mis palabras y alimento la frecuencia de mis vibraciones para atraer lo que mi corazón desea y anhela realmente. Todo es energía y me comprometo a tener vibraciones elevadas que manifiesten la magia en mi vida.
Que así sea, así es.

LA VISIBILIDAD PUEDE ser de algún modo perturbadora. Pero si quieres dejar huella en el mundo y conectar realmente con los demás, deja que te vean.

En una ocasión Sean, mi pareja, y yo probamos lo que llamamos «mirar el alma». Nos quedábamos mirándonos a los ojos el uno al otro el máximo tiempo posible.

El proceso fue mucho más duro e íntimo de lo que nos imaginamos. Al principio, los dos nos echábamos a reír y nos costaba concentrarnos. Yo me movía nerviosamente, incapaz de estar quieta o de mirar a Sean a los ojos, y me distraía echando un vistazo por la habitación. Pero al cabo de un tiempo, ambos empezamos de verdad a «vernos» el uno al otro. Me refiero a la clase de mirada en la que ves la esencia del espíritu empezando a brillar en partículas diminutas que te transforman. Pasamos por varias etapas: desde la risa y los juegos hasta la curiosidad y las lágrimas.

Fue el momento en que más vulnerable me sentí con otro ser humano, Sean podía verme ENTERA. Lo que más me sorprendió era el muro que había levantado para no llegar a este grado de intimidad con otra persona. En el pasado habíamos explorado un poco este tema, pero no nos habíamos hecho un hueco para ello. ¡Cuesta lo suyo mirar a alguien a los ojos!

Recuerda

CUANDO DEJAS QUE los demás te vean, se da un nuevo nivel de compasión y de conexión.

La vida en el fondo no es más que una cuestión de ir eliminando capas para dejar al descubierto un nuevo nivel de conciencia y conexión con lo divino en nuestro interior. Te recomiendo al máximo que pruebes este ejercicio con un ser querido en el que confíes. Puedes empezarlo haciendo la siguiente meditación:

Querido Universo

Estoy dispuesto a hacerme totalmente visible para que los demás me vean. No hay necesidad alguna de esconder nada ni de levantar un muro alrededor de mi corazón. Estoy a salvo, los demás me ven. Saberlo me permite progresar en la vida.

Que así sea, así es.

VISTO

SEAN, MI MARIDO, y yo hicimos un pequeño experimento que tuvo unos resultados sorprendentes. En 2015, cuando esperaba a mi hija Lulu, durante el último mes de embarazo hicimos el voto de estar en silencio en el dormitorio. Significaba que no manteníamos ninguna comunicación verbal. Nuestro objetivo era generar la energía de un espacio sagrado en nuestro dormitorio para «vernos» de verdad el uno al otro.

Hicimos el experimento porque a menudo las parejas sufren al no crear un espacio de calidad y valioso para conectar el uno con el otro. Siempre estamos usando el móvil o mirando la tele. A veces no basta con mantener contacto visual y estar totalmente atentos. Este experimento transformó nuestro dormitorio en un lugar relajante y rejuvenecedor donde mantener una conexión profunda.

Recuerda

DEJAR QUE TE vean funciona en ambos sentidos. Para que te vean al nivel del alma tienes que hacerte visible.

Cuando alguien ve realmente quién eres en el fondo de tu corazón y de tu alma, os conectáis. Es algo esencial en la vida. Solo podemos dirigirnos hacia la unidad (amor) o la separación (miedo).

Permitirte sentir que te ven es el primer paso para mantener unas conexiones más significativas con otros fabulosos seres humanos en el mundo.

Querido Universo

Siento que los míos me ven. Siento que las personas con las que trabajo en el mundo me ven. Siento que mis amigos me ven. Cuando deseo llegar al fondo de una cuestión con otra persona, le digo ahora estas palabras a los ojos: «Te veo». Esto activa la autenticidad al instante para que nos recuerde quiénes somos realmente.

Que así sea, así es.

VULNERABLE

LA CAPACIDAD DE ser vulnerable con alguien es realmente mágico. Abre las puertas de los corazones cerrados. También crea confianza y el espacio necesario para mantener una conexión profunda y entablar amistad.

Recuerda

CUANDO ESTÁS DISPUESTO a ser vulnerable con otras personas, activas la magia de la humanidad y de la cooperación milagrosa.

Tener el suficiente valor como para ser vulnerable es la profunda labor que me he prometido realizar en este mundo. Me acuerdo de la primera vez que hablé en público en el evento de un *networking* femenino. Compartí mi historia de dejar un matrimonio de diez años plagado de violencia doméstica. Estaba hecha un manojo de nervios, pero sabía que, si no me aguantaba y lo superaba, no podría ayudar a nadie. Había unas 200 mujeres en la sala. Mientras contaba mi historia noté que el público se emocionaba. Vi ojos empañados de lágrimas, manos pegadas al corazón, estábamos manteniendo una conversación de alma a alma sobre el poder del cambio.

Muchos meses más tarde, una mujer que había asistido al evento me envió un correo electrónico para contarme que mi historia la había empujado a reunir por fin el valor para dar por terminado un matrimonio abusivo de 20 años de duración. A partir de ese día he estado convencida de que la vulnerabilidad tiene el poder de cambiar vidas de forma radical, y de que cada uno somos responsables de liderar con amor a nuestros semejantes.

Querido Universo

Permíteme compartir mis experiencias desde un estado de vulnerabilidad. Aunque al principio me intimide, confío en que compartir mi viaje y mi verdad ayudará a iluminar un camino de curación a quienes lo necesiten.
Que así sea, así es.

Parte 4

MANTÉN VIVA LA INSPIRACIÓN

Los 10 elementos esenciales *de la* manifestación *para* recordar

Cuando estás embarcado en esta increíble aventura con El Universo, es importante asegurarte de mantener viva la inspiración y de activar la energía de recordar. Por eso es bueno «recordar» los diez siguientes elementos esenciales, ya que te apoyarán en tu viaje de la manifestación.

1. *Recuerda*: SIEMPRE ESTÁS TRABAJANDO, JUGANDO Y FLUYENDO CON EL UNIVERSO.

No hay separación alguna entre tú y la Unidad de toda la vida y la energía que anima cada átomo del entramado del cosmos. Todo cuanto existe está gobernado por la energía suprema que todo lo impregna, tanto si la llamamos Dios como Fuente, La Fuerza, El Universo o de cualquier otra forma que nos guste. El Universo es la frecuencia vibratoria más elevada del amor y la supraconciencia. Tú eres El Universo y la expresión de esta misma energía. Sabiéndolo, recordarás el poder del que dispones para crear tu propia realidad.

2. *Recuerda*: CREE QUE TODO ES POSIBLE.

Ten la certeza en tu corazón de que cualquier cosa es posible, incluso (y sobre todo) si parece imposible. Aprende a creer en aquello que no puedes ver y no te preocupes por «cómo» algo se manifestará en tu vida. Estar abierto a todas las posibilidades te permite que ocurra un milagro en tu realidad.

3. *Recuerda*: APRENDE A CONFIAR EN EL PROCESO DE LA MANIFESTACIÓN Y A ENTREGARTE A ÉL.

En cuanto envías una intención o un deseo al Universo, para que la Ley de la Atracción obre su magia tienes que aprender a dirigir tu energía y a confiar en el proceso. Entregarte a algo no es lo mismo que darte por vencido, sino que es aprender a manejar tu energía y a no oponer resistencia en lo que se refiere a tu intención, ya que de ser así impedirías que se materialice en tu realidad. Como dice el refrán: «El que espera, desespera», así que en estos casos distraerte también te irá de maravilla. Intenta encontrar algo que te distraiga para no esperar obsesivamente resultados, señales o evidencias de que tus deseos se están haciendo realidad. Por ejemplo, mira un programa de televisión, sal a pasear, pinta un cuadro, cocina un plato, aprende un idioma nuevo, haz cualquier cosa que te distraiga y confía en que El Universo está trazando los detalles para que tu deseo se manifieste en el momento divino perfecto.

4. *Recuerda*: LA ENERGÍA QUE IRRADIAS SIEMPRE VOLVERÁ A TI.
Cuando comprendes la Ley de la Atracción, sabes que cualquier energía que desees irradiar siempre te volverá como un bumerán. No te olvides de emanar solo la energía que estés dispuesto a recibir de vuelta del Universo. Toda nuestra existencia no es más que un espejo gigantesco que nos refleja lo que necesitamos aprender para crecer como seres humanos.

5. *Recuerda*: UTILIZA LA AFIRMACIÓN: «ESTO O ALGO MEJOR».
El Universo nos concede nuestros deseos de muchas distintas formas. Uno de los pasos que solemos pasar por alto es que siempre atraemos aquello para lo que estamos preparados. A veces va acompañado de una sensación de decepción por no haber aparecido nuestra manifestación exactamente como habíamos pedido. Cuando nos llevemos un chasco en este sentido, debemos intentar sentir que El Universo siempre está manifestando las cosas en el momento divino perfecto, en el mejor orden para nuestro mayor bien, y meditar sobre ello. En ocasiones, lo que queremos no es lo que nuestra alma necesita para progresar y crecer en la vida. Nuestro yo superior sabe que siempre estamos siguiendo el buen camino y confía en ello.

6. *Recuerda*: TUS PALABRAS SON TU VARITA MÁGICA.
Encontrarte en el viaje de la manifestación requiere dominar tus hábitos verbales y las palabras que eliges usar. Las emociones que acompañan a tus palabras son la esencia energética de lo que tus manifestaciones se alimentan. Es decir, tus pensamientos son eléctricos, y tus emociones, magnéticas.

Cuando reconoces tus hábitos verbales sueles ser sumamente consciente de las palabras y las frases que ya no te sirven. Evitar usar la palabra «detesto», u otras tan comunes como «siempre», «cada» y «nunca», te ayuda a mantener tu vibración abierta a todas las posibilidades milagrosas y a evitar magnetizar estas palabras emocionalmente. Tus palabras tienen el enorme poder de esculpir tu camino futuro. Las palabras empoderadoras te ayudan a progresar en la vida; en cambio, las motivadas por creencias limitadoras apenas te permiten avanzar. La ventaja es que de ti depende cuáles elijas.

7. *Recuerda*: PRACTICA EL ARTE DEL AGRADECIMIENTO.

Si te acuerdas de agradecer todo cuanto aparezca en tu realidad, sea lo que sea, crearás el espacio para que El Universo manifieste más magia y milagros en tu vida. Incluso agradecer la más pequeña manifestación elevará tus vibraciones y despejará el camino para que aparezcan otras manifestaciones más importantes y magníficas en tu vida.

Asegúrate de escribir al final de cada día tres cosas que agradezcas. Te ayudará a enviarle a tu subconsciente un subidón mágico antes de acostarte por la noche. La energía magnética del aprecio puede conectar con la del Universo y enviar la señal de que estás dispuesto y deseoso de recibir más bondades por las que sentirte agradecido.

8. *Recuerda*: RODÉATE DE BUENAS COMPAÑÍAS Y ENCUENTRA A TU TRIBU DEL ALMA.

Cuando te rodeas de personas que te inspiran y apoyan en tu viaje, puedes compartir las emociones que surgen durante la aventura. Rodearte de almas gemelas afines a ti te ayudará a tener mucha energía y a sentirte lleno. Somos la suma energética de las cinco personas más importantes con las que pasamos la mayor parte del tiempo. Si no puedes conectar con gente afín a ti en tu comunidad, plantéate intentar atraerlas a tu realidad.

Consulta mi Manifesting Academy (manifestingacademy.com) y aprende cómo puedes formar parte de mi exclusiva Tribu del Alma. Es un espacio donde compartir tu viaje de la manifestación y hacer amigos para toda la vida.

9. *Recuerda*: EL DINERO ES ENERGÍA.

A las personas que no tienen ningún problema con el dinero les resulta más fácil manifestar la abundancia en su vida. No creen que el dinero sea la fuente de todos los males; en realidad, les encanta y lo consideran un buen amigo, porque lo cuidan. Le envían un montón de amor, por eso suele multiplicarse, porque el dinero es energía. El dinero es la conciencia expresada del Universo para sernos de utilidad. Cualquier cosa a la que le enviamos amor se expande, y el dinero no es una excepción.

10. *Recuerda*: ESTABLECE INTENCIONES PODEROSAS Y CÉNTRATE EN CÓMO TE SIENTES.

Las personas a las que se les dan de maravilla las manifestaciones hacen un espacio a diario en su agenda para elaborar un plan claro sobre lo que desean crear en sus vidas. Saben (sin la menor duda) que las manifestaciones exigen un tiempo para diseñar los detalles con una especificidad única. Lo convierten en un juego divertido que mantienen con El Universo y confían en que sus deseos se harán realidad en el momento divino perfecto.

Establecer una intención es un espacio sagrado y seguro para que el amor siempre prevalezca por encima del miedo para poder soñar a lo grande. Tanto si deseas publicar un libro como ser un campeón de tenis, encontrar a tu pareja o ser un padre o una madre que están presentes al máximo..., las reglas de este juego son sencillas:

- Ten una idea clara de lo que deseas.
- Escríbela.
- Actúa físicamente para conseguirla (mediante una acción inspirada) y en el plano energético (gestionando tus emociones).
- Ve/siente la idea como si ya hubiera ocurrido. Siéntete agradecido.

ACTIVA LA ESENCIA
DE LA VISUALIZACIÓN

Geneviève Behrend, nacida en 1881, fue una escritora y maestra del Nuevo Pensamiento que vivió en Nueva York. Deseaba viajar a Cornualles, en Inglaterra, para estudiar con un nuevo maestro espiritual, pero carecía del dinero para hacerlo. Cada noche y cada mañana se visualizaba contando veinte billetes de mil dólares. Era mucho más dinero del que necesitaba, pero la ayudaba a sintonizar con la energía de las posibilidades ilimitadas. En su mente visualizaba que pagaba el pasaje a Londres, que viajaba en barco y, por último, que estaba sentada junto a su nuevo maestro, y la sensación que esta escena le producía.

Geneviève repetía la siguiente afirmación: «Mi mente es un centro de operaciones divinas».

Le llevó cerca de seis semanas manifestar el dinero que necesitaba.

Como el poderoso creador que eres, dedica un tiempo a visualizar tus metas, sueños, anhelos y deseos. El tablero de visión es una estrategia eficaz para fortalecer tu conexión con El Universo por muchas razones, y también para ver con más claridad lo que realmente deseas crear en tu vida. Lo esencial es sentir las emociones relacionadas con las imágenes y los objetos que eliges poner en tu tablero. No visualices solo pertenencias y cosas materiales, porque cuanto más te centres en cómo te sientes, más se expandirá esta energía. Lo más importante no es el propio coche en sí, sino tu vivencia y tu sensación de poseer un flamante Tesla.

Por ejemplo, en 2013, Sean, el amor de mi vida, y yo estábamos planeando nuestra boda. Por aquel entonces vivíamos en Australia, pero íbamos a celebrar nuestro día especial en un hotel de Las Vegas. Decidí crear un tablero de visión con ciertos elementos que me encantaban, y me sentí inspirada para construir la energía de mi día especial. En medio del tablero coloqué la hermosa imagen de un ramo de peonias. Mientras pegaba la imagen en el tablero, sentí y visualicé cómo me sentiría al avanzar por el pasillo, con mi padre al lado, para ir al encuentro de mi nuevo marido, el amor de mi vida.

Sabía que quería que mi ramo de novia fuera de peonias. Cuando llegó el momento de encargárselo a la florista, me entristecí al oír que le sería imposible hacérmelo con mi presupuesto, ya que aquel mes no era todavía la temporada de las peonias. Le encargué un ramo distinto (de rosas) y acepté que mi visión no se iba a manifestar.

El secreto está en CONFIAR en el proceso tal como sucede y en afirmar: «Esto o algo mejor». Si te dejas llevar por el fluir de los acontecimientos, podrás manifestar lo que realmente deseas sin oponer resistencia.

El día de la boda, la floristería cometió un error y me mandó un ramo que no era el mío. Me llamaron y me pidieron un montón de disculpas ¡por haberme enviado un ramo de peonias en lugar de un ramo de rosas! Era clavado al ramo que yo había incluido en mi tablero de visión MESES atrás, ¡incluso eran del mismo color!

El Universo nos mandará lo que hemos grabado en nuestro subconsciente, porque siempre está ingeniándoselas para crear nuestra realidad según lo que sentimos. No está en nuestra mano entender «cómo» algo se manifestará, solo tenemos que confiar en que todo acaecerá en el momento divino perfecto.

CÓMO CREAR TU TABLERO DE VISIÓN

La mejor manera de crear un tablero de visión es reunir los elementos de los que se formará dejándote llevar por la intuición. Elige imágenes de una pila de revistas, folletos y correo basura. También puedes recortar palabras que despierten en tu corazón una respuesta emocional, o añadir a tu tablero de visión postales con un mensaje oracular, citas, marcadores de páginas, plumas, pegatinas o incluso purpurina. Es decir, cualquier cosa que te inspire. Coloca y pega todo lo que has elegido en una cartulina.

Cuando crees tu tablero de visión asegúrate de estar a solas una o dos horas. Sírvete una copa de vino o prepárate un té verde, apaga el móvil y relájate mientras te dedicas a esta deliciosa tarea. Poner música de fondo también te ayudará a inspirar la magia de esta actividad creativa.

Visualiza tu estilo de vida ideal. Sumérgete en un estado de agradecimiento, como si tus sueños ya se hubieran cumplido. El poder del ahora es un momento crucial de creación. ¡Recuerda que no hay reglas! Puedes elaborar tu tablero de visión en cualquier momento en que te sientas inspirado. Si lo deseas, incluso puedes crear distintos tableros para distintas intenciones.

En cuanto lo hayas terminado, ponlo en un lugar donde lo veas a menudo. También puedes sacarle una foto y ponértela como salvapantallas en el ordenador o en el móvil. De esta manera las imágenes se te irán quedando grabadas en la mente a diario.

Si quieres ver con claridad lo que te gustaría manifestar en tu vida y cómo deseas sentirte, puedes descargarte el regalo gratuito que he diseñado para ti en SarahProut.com/gift. El Universo te responde mejor cuando sabes con claridad lo que deseas ser, hacer y tener en la vida.

DISEÑA TU ESPACIO SAGRADO

Ahora que tienes tu tablero de visión y que has establecido intenciones poderosas, es importante crear otros espacios sagrados en tu hogar para apoyar tu aventura. Crear un altar es una forma mágica de entablar una conversación con El Universo en tu hogar o tu despacho. Puedes meditar delante del altar, usar afirmaciones positivas o mantras o dedicar un rato a visualizar lo que quieres hacer realidad, ya que esto amplifica tu intención y tu frecuencia vibratoria. También apoya tu espacio sagrado para que tus deseos se manifiesten. Un altar no es solo algo bonito con lo que adornar tu casa, sino que además contiene objetos que te inspiran, que te ayudan a no perder de vista tu objetivo y crean un poderoso flujo de energía. Como espacio espiritual, asegúrate de que represente a la perfección aquello en lo que crees.

Crear un altar en tu hogar es un proyecto muy placentero. Elige para ello un lugar tranquilo donde nadie te distraiga. Lo último que desearías es que tus hijos o los invitados te hicieran preguntas sobre los objetos que cargas energéticamente con tu propia magia. Además, solo los puedes tocar tú o tu pareja, si se lo permites.

Estos son algunos objetos que puedes poner en tu altar:

- Cristales (cuarzo rosa para el amor, citrina para la abundancia).

- Velas (de colores y aromas que te sirvan de inspiración para maravillarte).

- Símbolos e imágenes: en mi altar hay una imagen de Lakshmi, la diosa hindú de la Abundancia. Sean, mi marido, tiene en el suyo una imagen muy vistosa del mago Merlín. Descubre los símbolos y las deidades que tengan un significado para ti.

- Diario: deja sobre el altar el diario o el bloc de notas en el que escribes todo lo que agradeces en la vida. Esta actividad aumenta tus intenciones.

- Aceites esenciales: la magia vegetal de los aceites esenciales se remonta a la época de los antiguos egipcios. Asociar tus intenciones a un aroma en especial te ayudará a fijarlas en tu subconsciente.

- Salvia: quemar salvia ayuda a limpiar la energía del ambiente. (La encontrarás en tiendas de productos naturales o en Internet.)

- Postales con mensajes oraculares o inspiradoras.

- Flores: las flores frescas son una manera estupenda de mantener la energía de tu altar viva y vibrante.

- Libros especiales. (Sugerencia: puedes tener sobre tu altar un ejemplar de *Querido Universo* y compartir la foto en Instagram. Usa la etiqueta #DearUniverse.)

- Alhajas: deja sobre tu altar cualquier alhaja asociada con un momento especial para que te infunda una energía poderosa. Como, por ejemplo, rosarios, medallones, piezas simbólicas de joyería.

El objetivo es tener un altar con una serie de objetos significativos que te gusten mucho. Son los recordatorios sagrados de que estás trabajando con El Universo para crear tu propia realidad.

RITUALES DIARIOS PARA CONECTAR CON EL UNIVERSO

Para seguir sintiéndote inspirado, realiza a diario un ritual que te conecte con El Universo y con tus intenciones. Puede consistir en mimarte dándote un baño caliente, leer un libro inspirador, jugar con tus seres queridos, visualizar tu intención o reservarte cinco minutos para meditar. En realidad, la meditación es esencial para estar conectado con El Universo, por eso las minimeditaciones de este libro son tan poderosas.

¿Sabías que meditar te ayuda a eliminar los bloqueos emocionales que te impiden manifestar tus deseos? Vivimos en un Universo maravilloso donde todo es energía. Y, sin embargo, olvidamos nuestro poder para aprovechar nuestro potencial ilimitado, a no ser que nos reservemos un hueco en nuestra ajetreada vida cotidiana para hacerlo. Los estudios revelan que las personas que meditan a diario son psicológicamente de 12 a 15 años más jóvenes que la edad biológica que tienen. Por eso es tan importante conectar con la energía del Universo meditando a diario.

COMPARTE TUS MOMENTOS DE «QUERIDO UNIVERSO»

Para seguir sintiéndote inspirado, comparte sobre todo aquello que te inspira, para agradecer esta energía.

Si las historias o las minimeditaciones de este libro te han llegado al corazón, me encantaría que compartieras conmigo algunos de tus momentos de «Querido Universo» (y también con tus amigos y tu familia), si te parece bien. Hay muchas formas de trabajar y de conectar conmigo en las redes sociales (@sarahprout) y en mi web, SarahProut.com.

El proceso de traer al mundo *Querido Universo* ha sido la manifestación de un sueño de toda la vida. Espero que el mensaje y las enseñanzas que contiene te inspiren a transmitirlos y a compartir aquello que te ha inspirado. Creemos juntos un movimiento en el que podamos ayudar a la gente a perder el miedo, a hacer suyo el amor y a recordar el poder que todos tenemos para manifestar al instante un momento transformador de «Querido Universo».

De mi alma a la tuya, eres objeto de mi mayor respeto por haber emprendido este viaje conmigo.

Con amor y gratitud,

Sarah Prout

Agradecimientos

GRATITUD.

Les doy las gracias de todo corazón a Justin Schwartz, mi editor, y al equipo de HMH por creer en mí, se lo agradezco infinitamente. Desearía también expresar en especial mi agradecimiento a Katelyn Morse por las hermosas ilustraciones del libro.

A Jaidree Braddix y Celeste Fine, mis agentes literarios de Sterling Lord Literistic, sois increíbles. Gracias por avivar la magia en este viaje.

Sean Patrick Simpson, te amo y te veo. Eres el amor de mi vida, mi espejo. Eres mi manifestación más magnífica, y agradezco con toda mi alma poder compartir esta apasionante aventura contigo.

A Thomas Anthony, Olivia Rose, Lulu Dawn y Ava Moon, gracias por estar aquí. No puedo expresar con palabras la alegría que me habéis producido en mi corazón. Sois unos seres humanos increíbles, extraordinarios y maravillosos, y me siento sumamente privilegiada por ser vuestra madre.

A Tony Prout y Louise Findlay, os quiero muchísimo.

Un fuerte abrazo y mil gracias a mis queridos amigos Dallyce Brisbin y Scott deMoulin.

Les envío unas oleadas gigantescas de agradecimiento al equipo de Soul Space Media, en especial a Kim West, Mavi Barrena y Jon Marino. A nuestros clientes, a los alumnos de la Academia de Manifestación, a los miembros de la Tribu del Alma, a los lectores de SarahProut.com, a los oyentes de los pódcast de Journey to Manifesting y a los suscriptores y admiradores: vuestro apoyo vale un mundo para mí, y además me inspiráis con vuestras historias repletas de esperanza, transformación y percepciones interiores.

A mi familia, mis amigos, mi familia del alma y mis tutores. ¡Os adoro a todos! A Lauren y Roger Simpson, Bree Argetsinger y Bodhi, Grace Smith, Bernardo Smith-Feitosa, Marla Mattenson, Kris Britton, Ryan Yokome, Bronya Wilkins, Amber Petty, Rebecca Lange, Cathy y Gemma Penglase, Alyce Pilgrim, John Ronaldo Brans, Samuel Hawley, Henrietta Prout, David Fraser, Reuben Crossman, Vishen Lakhiani, Miriam Gobovic, Klemen Struc, Mindvalley.com, Digital-Marketer.com, Shelly Lefkoe, Andrea Lee, Jess Tomlinson, Joan Georgina, Betsy Green, Mary Veronica Diedrich, Kirpal Singh Ji Gill y Joy Patterson. Hay literalmente cientos de nombres a los que citar y dar las gracias. ¡Ya sabéis quiénes sois!

Gracias, «Max», este libro no habría sido posible sin la naturaleza turbulenta de los diez años que vivimos juntos. Nuestra historia ha empoderado e inspirado a mucha gente, y te lo agradezco infinitamente.

Y, en último lugar, pero no por ello menos importante, quiero agradecerle en especial al Universo la aventura mágica y bella que conocemos como «vida» y que fluye a través de todos y de cada uno de nosotros.

Recursos

QUERIDO UNIVERSO — LA EXPERIENCIA *ONLINE*

La clave del éxito es encontrar el apoyo adecuado en tu viaje para manifestarte. A continuación te presento una serie de recursos cuya finalidad es desencadenar en la magia las posibilidades ilimitadas para que continúes tu aventura de *Querido Universo*.

EL REGALO

Descarga GRATIS la «Intention Setting Worksheet» de *Querido Universo*. Te ayudará a potenciar tu claridad sobre cómo deseas sentirte en tu vida y qué quieres manifestar. Puedes acceder a ella en SarahProut.com/gift.

EL CLUB DE LECTURA

Es más que un club de lectura, pues trata de tu viaje en torno a las 200 minimeditaciones de *Querido Universo* y de compartir tus experiencias con otras personas. Es un lugar para entablar conversaciones sobre la superación del miedo, adoptar el amor y recordar tu poder. Más información en SarahProut.com/bookclub.

VISUALIZACIONES

Querido Universo es una guía para tus emociones, y en combinación con las visualizaciones conectarás con una versión imaginada tuya. Desencadena esta conversación sagrada con el Universo que te permitirá atisbar quién eres y quién serás en el futuro. Conéctate a SarahProut.com/visualization.

PONTE EN CONTACTO CON SARAH PROUT

Me encanta estar en contacto con mis lectores y fans. Puedes contactarme en:

Facebook: puedes conectarte conmigo en @LoveSarahProut. También me gusta mucho Instagram —@SarahProut. Asegúrate de utilizar el *hashtag* #DearUniverse para compartir las minimeditaciones que vibran en tu corazón.

SarahProut.com: en mi página encontrarás cientos de artículos que te proporcionarán inspiración para manifestar tus aventuras.

Correo electrónico: envía tus momentos *Querido Universo* a hello@sarahprout.com.

Pódcast: tiene por título *Journey to Manifestting*, y la intención es proporcionarte inspiración para crear la vida a la que aspiras en tus sueños más insólitos. Cada semana se publican nuevos episodios.

«*Querido Universo* te ofrece unos pasos poderosos y eficaces para ser más feliz, estar más conectado con el Universo y sentirte lleno de fuerza en el momento presente.»
JULIE MONTAGU, presentadora televisiva, icono del bienestar y autora superventas de *Recharge*

«Como hipnoterapeuta, siempre estoy buscando afirmaciones perfectas que les sirvan a mis pacientes para reprogramar su subconsciente, y ahora las he encontrado en un solo libro. *Querido Universo* de Sarah Prout es el diccionario perfecto para la superación personal y su contenido es sumamente transformador.»
GRACE SMITH, hipnoterapeuta famosa y autora de *Close Your Eyes, Get Free*

«Este libro de "elige tu propia aventura" hará que eches a correr para fugarte con el universo.»
EMMA MILDON, autora superventas de *The Soul Searcher's Handbook* y *Evolution of Goddess*

«Es el libro que el mundo estaba esperando. Sarah ha plasmado en sus páginas su magia innata y maravillosa de una forma afectuosa, inspiradora y fácil de emplear. *Querido Universo* merece convertirse en un clásico y en el compañero inseparable de cualquier lector. ¡Me ha encantado!»

«Sarah Prout mantiene con el universo una poderosísima relación que empezó durante un capítulo oscuro de su vida. He visto cómo sustentaba esta amistad mística y los regalos mágicos que aparecían en su vida. Es una amiga inspiradora y una maestra increíblemente sabia para su creciente legión de fans. Este libro es un precioso regalo para el mundo.»